Brigitte Steinmann/Karin Pollicino
Musikhören mit dem Körper

D1828078

Brigitte Steinmann und Karin Pollicino

Musikhören mit dem Körper

Rhythmik in der Entwicklungsförderung von Kindern und Jugendlichen mit Hörbeeinträchtigungen

zeitpunkt musik
Reichert Verlag Wiesbaden 2009

Fotos: aus dem Nachlass Mimi Scheiblauer
Titelbild: Peter Schulz
Illustrationen: Irmtraud Guhe

Der Nachlass von Mimi Scheiblauer wird seit 1990 im Deutschen Tanzarchiv aufbewahrt und ist dort einsehbar: Deutsches Tanzarchiv Köln/SK Stiftung Kultur, Im Mediapark 7, 50670 Köln, www.sk-kultur.de.

Bibliographische Informationen Der Deutschen Nationalbibliothek
Die Deutsche Nationalbibliothek verzeichnet diese Publikation in der Deutschen Nationalbibliographie; detaillierte bibliographische Daten sind im Internet über http://dnb.ddb.de abrufbar.

Gedruckt auf säurefreiem Papier
(alterungsbeständig – pH 7, neutral)

© zeitpunkt Musik. Forum zeitpunkt
Dr. Ludwig Reichert Verlag Wiesbaden 2009
www.reichert-verlag.de
ISBN: 978-3-89500-569-5
Das Werk einschließlich aller seiner Teile ist urheberrechtlich geschützt.
Jede Verwertung außerhalb der engen Grenzen des Urheberrechtsgesetzes ist ohne Zustimmung des Verlages unzulässig und strafbar. Das gilt insbesondere für Vervielfältigungen, Übersetzungen, Mikroverfilmungen und die Speicherung und Verarbeitung in elektronischen Systemen.
Printed in Germany

Inhalt

Teil II

Vorwort

Die Gründe, die uns bewegt haben, dieses Buch zu erarbeiten, sind vielschichtig. Dazu gehören die Beobachtungen, dass vielerorts zunehmend ein historisches Bewusstsein schwindet und dass nach qualitativ reichhaltigem Stoff für den Musikunterricht mit bestimmten Zielgruppen gesucht wird. Das bedeutet für uns, einerseits die Geschichte nicht verklingen zu lassen und andererseits die gegenwärtige Unterrichtspraxis zu bedienen.

Deshalb ist es unser Anliegen, dem interessierten Leser die ihm vielleicht nicht oder nur wenig bekannte Zielgruppe der jungen, hochgradig hörgeschädigten Menschen nahe zu bringen. Und gleichzeitig wollen wir vor ihm das Buch der Rhythmik aufblättern und dem Praktiker zusätzlich einen Wegweiser für seine Arbeit an die Hand geben.

Uns bewegt die Rhythmik vergangenheitsbezogen als ein über Jahrzehnte gewachsenes Fach genau so wie gegenwartsbezogen ihr möglichst vielseitiger und anspruchsvoller Einsatz. Während sich Brigitte Steinmann ihrer sehr geschätzten Lehrerin Mimi Scheiblauer verpflichtet fühlt und seit vielen Jahren an der Aktualisierung und Ausweitung der Rhythmik mitwirkt, hat Karin Pollicino erst vor kurzem für ihre Diplomarbeit an den Wurzeln recherchiert und die Fülle Scheiblauers handschriftlicher Vorbereitungen für die Rhythmikstunden mit gehörlosen Schülern aufgearbeitet, auf ihre heutige Gültigkeit überprüft und praktisch ausprobiert. Wir schlagen damit eine Brücke vom Gestern zum Heute im Bewusstsein, dass eine breite Kenntnis der Vergangenheit den Weg freimacht für ein jederzeit flexibles Handeln, das den Anforderungen der Zeit gerecht wird. Ein Zeichen für diese Brücke setzen wir auch dadurch, dass sowohl Fotos aus der Arbeit von Mimi Scheiblauer den Leser in die Vergangenheit versetzen als auch Zeichnungen von heute die Praxisanregungen verdeutlichen.

Bei näherer Betrachtung stellt sich heraus, dass sich gegenüber Scheiblauers Ansatz weder das von uns vertretene Menschenbild noch die daraus entspringende Erzieherhaltung geändert, jedoch sich das Verhalten sowohl seitens der Schüler als auch der Lehrer gewandelt hat. Deshalb halten wir auch entgegen dem derzeitigen Trend an der Fachbezeichnung „Rhythmik“ fest, anstatt die allgemein leichter verständlichere Umschreibung „Musik

und Bewegung“ zu wählen, weil diese simple Bezeichnung nicht die mit der Rhythmik verbundenen Aspekte des Menschenbildes und der Methodik beinhaltet.
Während in Richtlinien und Lehrplänen aller Schulen das Fach Musik als solches oder in einem mit künstlerisch-ästhetisch umschriebenen Paket auftritt, fehlt Musik in denen der Förderschulen Hören und Kommunikation. An dessen Stelle steht die „Rhythmisch-musikalische Erziehung“ als Fach – an sich ein sehr erfreulicher Zustand, denn darunter steht ein guter Lehrplan, jedoch käme keiner auf die Idee, das Schulfach Mathematik als „Mathematische Erziehung“ zu bezeichnen. Dass Bildung in der Schule auch Erziehung ist, muss nicht diskutiert werden, aber dass Rhythmik mehr als rhythmisch-musikalische Erziehung ist, muss vertreten werden. Wir schlagen vor, das Schulfach „Musik und Rhythmik“ zu nennen. Die Rhythmik nimmt letztlich immer erst dann Gestalt an, wenn sie in Bezug zu einer Zielgruppe und die dafür zu wählenden Schwerpunkte und notwendig erachteten Zielsetzungen gebracht wird. Erst dann kann auch die Praxis im Einzelnen beschrieben und für die Anwendung aufgelistet werden. In diesem Sinne ist das vorliegende Buch – unabhängig von fachlichen Begrifflichkeiten – mit seinen allgemein gültigen Aspekten einer Rhythmik für Jung und Alt sowie mit seiner besonderen Ausrichtung auf hörbeeinträchtigte Kinder und Jugendliche zu verstehen.

Hannover, im Januar 2009

Anmerkungen

Wegen der besseren Lesbarkeit wurde auf die parallele Schreibweise der männlichen und weiblichen Form verzichtet und im Praxisteil Abkürzungen für Schüler (Sch) und Lehrperson (L) eingesetzt.
In Teil II (Praxis) werden an einigen Stellen nur Querverweise auf andere Literatur eingesetzt. Das geschieht nicht aus Bequemlichkeit, sondern aus der Erkenntnis heraus, dass darin eine Praxisanleitung schon umfassend und u. E. zu unserer Thematik genau passend vorliegt.

Teil I

Theoretische Zusammenhänge

1. Kurze Einführung in die Thematik der Hörschädigung

Zunächst interessiert, was der umgangssprachliche Begriff *gehörlos* bedeutet. Weil es keine einheitliche Begrifflichkeit gibt, sollen Definitionen sowohl aus medizinischer Sicht, als auch aus Sicht der Betroffenen und von pädagogischer Seite herangezogen werden. Im Weiteren soll das Ausmaß einer Hörschädigung aufgelistet und die Hörgeschädigtenpädagogik im Allgemeinen gestreift werden.

Auf die Frage hin, wer gehörlos ist, sucht man vergeblich eine differenzierte, eindeutige und allgemeingültige Antwort. Der Gehörlosenverband Hamburg beispielsweise bezeichnet als ‚gehörlos' alle Personen, die taub geboren wurden oder ihr Gehör schon als Kleinkind verloren haben[1]. Nach Manfred Ruoss steht Gehörlosigkeit üblicherweise für ein medizinisches, mit der Feststellung eines Hörverlustes diagnostizierbares Symptom. Gehörlose Menschen definieren Gehörlosigkeit dagegen eher als die Zugehörigkeit zu der Gruppe der Gehörlosen, die sich durch eigene soziale Aktivitäten auszeichnet und als sprachliche Minderheit neben der hörenden Mehrheit lebt.[2]

Folgt man der Weltgesundheitsorganisation (WHO), wird *Hörbeeinträchtigung* als Oberbegriff gebraucht, um den kompletten oder partiellen Hörverlust auf einem oder zwei Ohren zu beschreiben. Die Stufen der Hörbeeinträchtigung können leicht, mäßig, mittelschwer oder schwer sein. Der Begriff *Gehörlosigkeit* (engl. Deafness = Taubheit; in Deutschland so nicht mehr gebräuchlich) bezieht sich ausschließlich auf den kompletten Hörverlust auf einem oder beiden Ohren.

Der *Spracherwerb* ist für hörbeeinträchtigte Menschen erschwert und verläuft nicht natürlich. Für Außenstehende klingt ihre Sprechweise oft

---

1 www.gehoerlosenverband-hamburg.de
2 vgl. Ruoß, 1994

fremd und ist manchmal schwer verständlich. Gleichzeitig führt das noch verbreitete, so genannte „Mundablesen“ häufig zu Missverständnissen. Die sprachliche Kommunikation zwischen Hörenden und stark Schwerhörigen ist deshalb für beide Seiten belastend und oft unbefriedigend. Untereinander verständigen sich deutsche Gehörlose in der Regel in der *Deutschen Gebärdensprache*, einem visuellen Sprachsystem mit eigener Grammatik. Die Gebärdensprache ermöglicht Gehörlosen eine entspannte und verlässliche Kommunikation. Darüber hinaus bildet sie die Grundlage einer eigenen Sprachgemeinschaft und Kultur, zu der auch Schwerhörige und Hörende, die die Gebärdensprache beherrschen, gehören.[3]

Seit den sechziger Jahren des vergangenen Jahrhunderts wird eine Versorgung hörbeeinträchtigter Kinder mit apparativen Mitteln parallel zu einer Frühförderung praktiziert. Inzwischen hat sich die Technik der Hörgeräte enorm weiterentwickelt und dadurch die Möglichkeit des Spracherwerbs und des Sprachverständnisses Gehörloser bedeutend erweitert. Die Empfehlung und in Deutschland ab 2009 gesetzliche Regelleistung eines Hörscreenings in den ersten zehn Lebenstagen des Säuglings wird dazu beitragen, dass in Zukunft flächendeckend Früherkennung und Frühförderung eingesetzt werden. Nach der Diagnose einer Hörschädigung werden die *Hörhilfen* möglichst schnell, mindestens innerhalb der folgenden sechs Monate eingesetzt und angepasst. Flankiert von pädagogischen Maßnahmen werden sie dann im Laufe der Zeit immer wieder neu eingestellt und den Veränderungen des Heranwachsenden angepasst. Diese Geräte können jedoch den Hörverlust nicht kompensieren, sie verbessern nur Qualität und Quantität von Höreindrücken. Eine Hörbeeinträchtigung im Sinne von verändertem Hören bleibt bestehen.[4]

Zu den neueren technischen Hörhilfen gehört das *Cochlea Implantat* (CI). 1978 wurden die ersten Implantationen bei gehörlosen Erwachsenen, etwas später auch bei gehörlosen Kindern, vorgenommen. Diese Hörhilfe, die in das Innenohr eingesetzt wird, ist nicht in allen Fällen indiziert. Die Vorrausetzung dafür ist ein intakter Hörnerv. Zudem muss man wissen, dass ein Mensch allein durch die Transplantation und die Anpassung des Sprachprozessors noch nicht hören oder verstehen kann. Er kann damit zwar Höreindrücke wahrnehmen, muss aber das Hören und Verstehen erst im individuellen Hörtraining erlernen. Zudem ist eine differenzierte

3 www.gehoerlosenverband-hamburg.de
4 vgl. Leonhardt, 2002

Diagnostik ausschlaggebend für die Entscheidung, ob beispielsweise bilateral Implantate eingesetzt werden sollen oder ob vielleicht ein einseitiges Implantat mit zusätzlichem Hörgerät auf der anderen Seite, das vorhandene Hörreste auswertet, die vielversprechendere Hilfe darstellt.[5]

Alle Schwerhörigen, Gehörlosen, Ertaubten und CI-Träger sowie Mehrfachbehinderte mit Hörschäden bilden also die Gruppe der hörgeschädigten Menschen. Ihnen gemeinsam ist die Minderung oder (in seltenen Fällen) der komplette Ausfall des Hörvermögens. Während aus Sicht der Medizin jede Funktionsstörung des Hörorgans erfasst wird, beschränkt sich die Pädagogik auf solche Störungen, die die Beziehung zwischen Individuum und Umwelt beeinträchtigen und damit Auswirkungen auf den Betroffenen haben. Eine *Hörschädigung im pädagogischen Sinne* besteht dann, wenn der Ausprägungsgrad des Hörverlustes bzw. die Auswirkung des Hörschadens derart ist, dass das Kind sich nicht ungehindert entwickeln und entfalten kann. Es besteht sozusagen eine Widerspruchslage zwischen Kind und Umwelt, die es entwicklungs- und persönlichkeitsfördernd zu beeinflussen gilt.[6]

So gesehen kann das Ausmaß der *Folgen einer Hörschädigung* beträchtlich sein. „Die Hörschädigung führt zu einer für die jeweilige Art der Schädigung charakteristischen Informationseinbuße und damit zu Beeinträchtigungen im emotionalen, sozialen und kognitiven Bereich. Die mit der Hörschädigung verbundenen Störung in den Entwicklungsbereichen erschweren das Erfassen und Herstellen von Beziehungen zwischen wahrgenommenen Ereignissen sowie die Bildung zeitlicher, ursächlicher und bedingungsmäßiger Verknüpfungen.“[7] Die gesamte Entwicklung des Individuums wird also erheblich gestört. Über die räumliche Orientierung hinausgehend sind die Entwicklung der Sprache und des abstrakt-logischen Denkens, des Kenntniserwerbs, des gesellschaftlichen Verhaltens und des sozialen Kontaktes empfindlich in Mitleidenschaft gezogen. Das *Ziel* muss es daher sein, alle diese Entwicklungsschäden durch Korrektur und Kompensation auszugleichen und dem hörgeschädigten Menschen als Gesamtpersönlichkeit voranzuhelfen.[8]

5 Die Kombination CI und Hörgerät bietet laut hörgeschädigten Erwachsenen offenbar Vorteile beim Musikhören.

6 vgl. Leonhardt, 2002

7 vgl. Ständige Konferenz der Kultusminister der Länder in der Bundesrepublik Deutschland

8 vgl. Lindner, 1992[4]

Die „Ständige Konferenz der Kultusminister“ beschreibt die Hörschädigung bei der Betrachtung der pädagogischen Ausgangslage als eine schwerwiegende Beeinträchtigung der Wahrnehmung mit Auswirkungen auf die Gesamtentwicklung von Kindern und Jugendlichen. Dazu zählt sie vor allem die Bereiche der emotionalen und sozialen Entwicklung, der körperlichen und motorischen Entwicklung, der Entwicklung des sprachlogischen Denkens, der geistigen Entwicklung und des Lern- und Leistungsverhaltens.

Daraus schließt der Berufsverband Deutscher Hörgeschädigtenpädagogen, dass es die Aufgabe des Pädagogen sein müsse, durch die genaue Beobachtung der Entwicklungsschritte des Kindes die Wege zu finden und zu unterstützen, die zur Erreichung seiner höchstmöglichen emotionalen, sozialen, sprachlichen und kognitiven Kompetenz führen.[9]

Betrachtet man zusätzlich die Vielzahl von Faktoren, die das *Ausmaß der Folgen* einer Hörschädigung bestimmen, wird die Komplexität eines jeden Einzelfalles bewusst:

a) Beginn der Hörschädigung
b) Art und Grad der Hörschädigung
c) Beginn und Art der durchgeführten Fördermaßnahmen
d) Versorgung mit technischen Hilfen
e) Kommunikation- und Spracherfahrung
f) Lern- und Leistungsverhalten
g) Einstellung und Verhalten von Bezugspersonen und Umwelt[10]

Für den Pädagogen gilt deshalb, grundsätzlich sowohl die Dynamik der individuellen Entwicklung als auch gleichzeitig das gesamte Umfeld eines Menschen als ganzes System zu betrachten. Unabhängig von Art und Ausmaß des Hörschadens muss hörgeschädigten Schülern der Erwerb von Kommunikationskompetenz in jeglicher Form ermöglicht werden. Im Gegensatz zu früher, als der *Förderbedarf* von dem Hörverlust in Dezibel (dB) abhängig gemacht wurde, ist heute das jeweilige Maß an kommunikativen Bedürfnissen des Schülers ausschlaggebend für eine erfolgreiche Förderung. Folgerichtig heißen heute die Schulen für Hörgeschädigte überwiegend nicht nur „Förderzentren Hören“ sondern „Förderzentren für Hören und Kommunikation“. Ebenso folgerichtig ist dort die Unterteilung in

9 vgl. Berufsverband Deutscher Hörgeschädigtenpädagogen, 1998
10 vgl. Ständige Konferenz der Kultusminister der Länder, Empfehlungen zum Förderschwerpunkt Hören 1996 Kapitel 1.2

„Sprachlerngruppen“, deren Differenzierung unter Einbeziehung sowohl der bisher verwendeten Methode des Spracherwerbs und der dadurch erworbenen Sprachkompetenz als auch der erreichten Kommunikationskompetenz geschieht. Lautsprache und Gebärdensprache werden dabei in der Regel gleichrangig berücksichtigt. Einzelne Schulen entwickeln diesbezüglich eigene Profile.

Durch die frühere Erfassung von Hörschädigungen, die Versorgung mit qualitativ hochwertigen Hörhilfen und medizinischen Interventionen sowie durch die Frühförderung durch Audiopädagogen hat sich die Anzahl der in allgemeinbildenden Schulen bildbaren hörgeschädigten Kinder auf zwei Drittel erhöht. Bei der Entscheidung für den einen oder anderen *Schultyp* ist jeweils zu bedenken, inwieweit ein hörbeeinträchtigter Schüler in der Regelschule auch die notwendige Förderung kommunikativer Kompetenzen erhält und ob die technische Ausstattung des Schulraumes eine Teilnahme am Unterricht in unterschiedlichen Situationen unterstützt (Vermeidung von Störgeräuschen, Gruppenarbeit, Position der Lehrperson etc.).

Die Ständige Konferenz der Kultusminister der Länder fasste die pädagogische Aufgabe gegenüber hörgeschädigten Schülern folgend zusammen: „Sonderpädagogische[11] *Förderung* muss dazu beitragen, dass Hörgeschädigte zu einem positiven Selbstwertgefühl kommen und selbstbewusste Persönlichkeiten werden. Sonderpädagogische Förderung gibt daher begleitende, auf die Hörschädigung bezogene Hilfen mit dem Ziel, bestehende Abhängigkeiten und Hemmnisse soweit wie möglich zu überwinden. Dies bedeutet, dass bei der Gestaltung des Unterrichts Freiräume und Entscheidungskompetenzen der Lehrkräfte ausgeschöpft werden, damit besondere Aufgabenschwerpunkte gesetzt werden können. Dazu gehören Hörerziehung, Wahrnehmungslernen, Spracherwerb, Artikulation, Ansehen, taktiles Empfinden, manuelle Kommunikationsmittel und rhythmisch-musikalische Erziehung. Auch müssen die Unterrichtsinhalte eine vertiefende Behandlung erfahren, die mangelnde Umwelterfahrung der Kinder beachtet sowie deren Interessen berücksichtigt werden, um eine Förderung im gesamten psycho-sozialen Bereich zu gewährleisten.“[12]

Folgende Angaben und Tabellen mögen abschließend noch ein wenig Aufschluss geben über weitere Aspekte der Erfassung einer Hörschädigung:

---

11 Die überholte Verwendung des Wortes „sonderpädagogisch“ tut dem Kern dieser Aussage keinen Abbruch.

12 vgl. Empfehlungen zum Förderschwerpunkt Hören

Einteilung des Grades der Schwerhörigkeit[13]

Bezeichnung	Hörverlust in dB	Hörverlust in %
Normales Gehör	unter 20 dB	0–20 %
Geringgradiger Hörverlust	20–40 dB	20–40 %
Mittelgradiger Hörverlust	40–60 dB	40–60 %
Hochgradiger Hörverlust	60–90 dB	60–80 %
An Taubheit grenzender Hörverlust	90–100 dB	80–95 %
Taubheit	über 110 dB	100 %

Mögliche Ursachen von Schwerhörigkeit[14]

1. Erbliche Schwerhörigkeit:

- Hemmungs- sowie Überschussmissbildungen mit vorzugsweise Mittelohrschwerhörigkeiten, Chromosomenveränderung (z. B. Trisomien 13–15)
- Monosymptomatische ererbte Schwerhörigkeit
- Polysymptomatische ererbte Hörstörung;
  Alport-Syndrom (fortschreitende Hörstörung und Nierenbeteiligung)
  Pendred-Syndrom (Jodfehlverwertung und Schwerhörigkeit)
  Usher-Syndrom (Retinitis pigmentosa und Schwerhörigkeit)
  Jervell-Lange-Nielson (Cardio-auditory-syndrome)

2. Erworbene Schwerhörigkeit:

Pränatal	Mütterliche Infektion (z. B. Röteln, Syphilis, Toxoplasmose), Behandlung der Mutter mit Medikamenten, die das Gehör schädigen, stärkere vaginale Blutung und Sauerstoffmangelzustände
Perinatal	Infektion (z. B. Meningitis), Sauerstoffmangel, Kernikterus (Gelbsucht, die die Hirnnervenkerne angreift)
Postnatal	Meningitis, Masern, Mumps, Schädeltraumen, Behandlung mit Medikamenten, die das Gehör schädigen

13 vgl. F. C. Sitzmann: Pädiatrie, Stuttgart 2002, S. 945
14 vgl. a. a. O., S. 955

Arten von Hörschädigungen[15]

1. Schallleitungsschwerhörigkeit ist ein Problem im Mittelohr und/oder im äußeren Gehörgang. Diese Art von Hörproblemen sind oft medizinisch oder chirurgisch behandelbar, wenn die notwendigen medizinischen Möglichkeiten zur Verfügung stehen. Meistens sind Mittelohrentzündungen in der frühen Kindheit die Verursacher.
2. Schallempfindungsschwerhörigkeit (Sensorineurale Schwerhörigkeit) rührt gewöhnlich von Schädigungen im Innenohr oder am Hörnerv, der vom Innenohr zum Gehirn geht. Diese Art von Hörproblemen sind in der Regel dauerhaft und erfordern Hörhilfen. Häufige Ursachen sind übermäßiger Lärm und Alterserscheinungen.
3. Kombinierte Schallleitungs- und Schallempfindungsschwerhörigkeit.
4. Gehörlosigkeit.

2. Begründung eines Unterrichts mit Musik und Bewegung für hörbeeinträchtigte Kinder und Jugendliche

2.1 Ausgangslage

Gehen wir aus von einem Menschenbild, das Körper, Seele und Geist als Einheit ansieht, hat jede Form von Behinderung oder Beeinträchtigung Auswirkungen auf den ganzen Menschen und seine Entwicklung. Jede Veränderung in einem Teil des Gesamtgefüges hat Auswirkungen auf alle anderen Teile. So bedeutet eine Hörbeeinträchtigung nicht nur eine veränderte Hörwahrnehmung, sondern eine eingeschränkte Hörfähigkeit beeinflusst und verändert die gesamte Wahrnehmung, die Kommunikation, das soziale und geistige Lernen, die Identitäts- und Sprachentwicklung. Jedes Kind ist auf Anregungen und Unterstützung Erwachsener angewiesen, um sich harmonisch entwickeln zu können. Sind die Bindungs-, Erfahrungs- und Verarbeitungsmöglichkeiten ausgewogen, findet es körperlich, emotional und geistig sein *Gleichgewicht*. Kann dieses, beispielsweise durch eine Behinderung, nicht erlangt werden, braucht das Kind zusätzlich Hilfe. Im Falle einer Hörbeeinträchtigung bedeutet das für Eltern und Erzieher, das Kind besonders medizinisch zu betreuen, es und seine Umwelt technisch auszustatten und zu sensibilisieren, um den reduzierten auditiven Sinn so weit wie möglich zu erschließen oder den fehlenden auditiven Sinn als Wahr-

15 vgl. Leonhardt, 2002, S. 50

nehmungskanal über andere Sinneswahrnehmungen zu simulieren. Die Gesamtentwicklung eines Kindes kann durch diese Erweiterung der Wahrnehmung und des Erfassens von Welt sehr günstig beeinflusst werden.

Eine beeinträchtigte Sinneswahrnehmung bedeutet auch, lebens- oder sogar überlebenswichtige Gefahrensignale nicht erfassen zu können. Besonders der sogar im Schlaf aktive Hörsinn ist der wichtigste Alarmgeber. Der Straßenverkehr ist nur ein Beispiel für die Notwendigkeit, Gefahren rechtzeitig wahrnehmen zu können. Zusätzlich gibt es ein Gefühl von Sicherheit, wenn man Ereignisse im Vorfeld wahrnimmt, bevor sie einen plötzlich überraschen. Es ist daher wichtig, bei hörbeeinträchtigten Kindern so früh wie möglich *Hörhilfen* einzusetzen und mit einem *Hörtraining* zu beginnen, um ein Schallbewusstsein zu entwickeln und um die Sicherheit zu vermitteln, dass man „hören" und „hören lernen" kann. Der aus Musik und Bewegung aufgebaute Rhythmikunterricht, worin der Umgang mit Schall, Klang und dem empfindsamen Körper Priorität hat, führt zum Erlebnis und Verständnis von akustischen Informationen und bietet reichlich Gelegenheit, sich spontan und selbsttätig in deren Nutzung zu üben.

Motorische Auffälligkeiten im frühen Kindesalter, Probleme in der Körperkontrolle und beim Gleichgewicht sowie Störungen in der räumlichen Vorstellung können ein Indiz für eine Hörbeeinträchtigung sein. Eine besondere Förderung in diesen Bereichen wird unter Umständen nötig, um von dort aus die weitere *Entwicklungsunterstützung* einleiten zu können. Grobmotorische Unausgeglichenheiten könnten sonst beispielsweise die feinmotorischen Anforderungen beim Erlernen der Schrift erschweren, Konzentrationsschwierigkeiten könnten Lernprobleme zur Folge haben, ein verändertes Rhythmusgefühl könnte Probleme bei der Erkennung von Wörtern und Satzeinheiten mit sich bringen.

Musik und Hörbeeinträchtigung schließen sich keinesfalls aus. Es gibt viele Wege zur Musik, die für Schwerhörige und auch für vollständig Gehörlose erleb-, erkenn- und verstehbar sind. Die nonverbale Kommunikation, die durch Musik und Bewegung möglich ist, bekommt gerade bei hörgeschädigten Kindern und Jugendlichen eine besondere Bedeutung. Mit Musik – auch wenn sie nur bruchstückhaft oder auf Vibrationen reduziert ist – sind alle Menschen erreichbar. Ebenso sind auch Tanz und Bewegung eine Sprache, die alle Menschen verstehen und einsetzen können, unabhängig von jeglicher Beeinträchtigung.

Längst ist bekannt, dass *Lernen mit Musik und Bewegung* leichter fällt, Lernziele durch den Einsatz von Musik und Bewegung schneller erreicht werden und Lerninhalte dabei besser behalten werden. Das gilt sowohl für Kinder als auch für Erwachsene. Neurowissenschaftler können immer mehr dafür verantwortliche Zusammenhänge erklären und Erziehungswissenschaftler belegen die Erfolge. „Musik und Bewegung“ gehört also in jede Schule.

Der Unterricht mit Musik und Bewegung wird am besten von einem Rhythmiklehrer erteilt, weil er ein Musiker mit Bewegungsschulung ist. Er fühlt musikalisch, versteht und handelt entsprechend; gleichzeitig hört und versteht er die eigene und die bei den Schülern beobachtete Bewegung als Musik. Das sind Voraussetzungen für die Arbeit mit Musik und Bewegung als Einheit, die auch von Musiklehrern je nach Ausbildung erfüllt werden können. Je mehr Können, Wissen und methodische Vielfalt in diesem einheitlichen Bereich beim Lehrer vorhanden ist, umso erfolgreicher kann er auch hörbeeinträchtigten Schüler den Weg zur Musik weisen.

2.2 Kommunikation und Interaktion

Kommunikative Interaktionsprozesse sind Teile des Menschseins. Hörgeschädigte Menschen sind sich bewusst, dass es einerseits die Kommunikation der Hörenden gibt, die Lautsprache, und dass andererseits die Sprache der Gehörlosen, die gebärdenbegleitende Lautsprache oder reine Gebärdensprache, existiert. Sie stoßen in Schule, Familie, Beruf und Freizeit abwechselnd auf alle drei Sprachformen.

Eine Hörschädigung bringt Schwierigkeiten in der frühen verbalen Kommunikation mit sich. Da die Sprachentwicklung beeinträchtigt ist, wird eine *Beziehungsaufnahme* für den Hörenden (Eltern, Geschwister etc.), der normalerweise nicht bewusst Gestik, Mimik und Berührung als Interaktionsmittel einsetzt, erschwert. Die dadurch entstehenden Wahrnehmungs- und Kommunikationsbeeinträchtigungen seitens des hörbeeinträchtigten Kindes können zu weiteren Problemen führen wie Konzentrationsschwäche und Unsicherheiten beim Erkennen der Gefühle anderer Menschen. Die nicht wahrgenommenen und nicht verstandenen Signale verursachen Ängste und der Hörbeeinträchtigte zieht sich zurück oder verhält sich auffällig. Diesen Problemen in der Entwicklung der *Dialogfähigkeit* kann durch Unterricht mit Musik und Bewegung entgegengewirkt werden. Darin werden Musik und Bewegung als nonverbale Sprachen zur Kommunikation eingesetzt, um Beziehungen zwischen den Menschen aufzubauen. Dabei geht es um die Vermittlung emotionaler Signale, den Aufbau von Sicherheit in der Körpersprache, die mimische Ausdrucksfähigkeit und den musikalischen

Dialog. In erster Linie wird der Körper als Ausdrucks- und Interaktionsmittel entdeckt und geschult, um interaktive Verhaltensweisen verstehen und nutzen zu lernen. Die Sprache mit Musik und Bewegung ist unabhängig vom Hören, sodass dem Hörbeeinträchtigen eine weitere Teilhabe an Gemeinschaft eröffnet wird.

2.3 Vibrationsempfindung

Ausschließlich lautsprachlich orientierte Pädagogen mögen dem Bereich der Vibrationsempfindung wenig Bedeutung beimessen und ihn vor allem nicht als Ausgangspunkt zum Musikhören einsetzen, höchstens einige Teile davon bei musikalischeren älteren Kindern oder Jugendlichen. Im Sinne einer multisensorischen Auseinandersetzung mit Welt und Musik sollte aber dem taktilen Bereich ein den anderen Sinnen gleichgestellter Wert eingeräumt werden, um die Heranwachsenden an alle Erlebens-, Ausdrucks- und Kommunikationsmöglichkeiten heranzuführen.

Die Möglichkeit, Vibrationen wahrzunehmen ist allen Menschen gegeben, aber gerade hörbeeinträchtigte Kinder reagieren sensibel darauf. Sie entwickeln ein starkes Bewusstsein sowie eine gute Empfindung für Vibrationen, sobald sie diesen Wahrnehmungskanal als ergänzende oder zusätzliche Informationsquelle erkennen.

Vibrationen werden mit dem ganzen *Körper* aufgenommen und treffen an verschiedenen Körperstellen mehr oder weniger deutlich spürbar auf. Eine zusätzlich sichtbar gemachte Schwingung kann das Vibrationsempfinden verstehbar machen und vertiefen.

Das Erleben von Vibrationen und Klängen kann in einem hörbeeinträchtigen Kind eine spontane Reaktion auslösen, z. B. beginnt das Kind zu lautieren, sich zur Musik zu bewegen, Kontakt zu anderen aufzunehmen oder einfach nur zu imitieren, was es sieht und fühlt.

Durch Vibrationsempfindungen können hörbeeinträchtigte Menschen den Zeitpunkt, die Tondauer und damit den Rhythmus von *Musik* erkennen. Veränderungen in der Frequenz lassen Tonhöhe und Melodie verfolgen und Veränderungen des Schalldrucks machen die Tonstärke, also die Dynamik der Musik deutlich. Voraussetzung für diese sensible und umfassende Musikwahrnehmung ist ein langer Übungsweg, der bei der Entdeckung des Hörens oder/und der Vibrationen beginnt.

Stimmungsunterschiede in der Musik hören zu können, ist allein über die Vibrationsempfindung nicht möglich. Es können zwar vereinzelt Dissonanzen von Harmonien unterschieden werden, schwierig wird es allerdings bei der Abnahme von Stimmungsaussagen einzelner Klänge. Hier helfen Bewegungen und andere Medien (z. B. Bilder).

Beim *Instrumentalspiel* muss bei jedem einzelnen Schüler individuell getestet werden, ob er die Schwingungen des selbst gewählten Instrumentes wahrnehmen kann und will. Dann kann auch mit dem Vibrationsempfinden im Instrumentalunterricht gearbeitet werden. Das Gruppenerlebnis, die Klangerfahrung und die Freude am gemeinsamen Musizieren sind bedeutsamer als die Beherrschung bestimmter Spieltechniken. Eine besondere Möglichkeit des Musikerlebens bringt das Instrumentalspiel in einem Ensemble oder einer Band, welche eventuell geschickt arrangierte Arrangements benutzt oder auch aus Spielern mit und ohne (Hör-) Beeinträchtigungen besteht.

2.4 Musik

Beeinträchtigtes Hörvermögen verändert die Wahrnehmung von Musik, das Spielen von Instrumenten und vor allem das Singen. Das *Singen* hörbeeinträchtigter Kinder und Jugendlicher ist je nach Hörvermögen und Stimmschulung recht gut, manchmal eher ein rhythmisches, monotones Lautieren, das aber manchmal viel inbrünstiger zelebriert wird als von Hörenden. Die Tonreinheit schwankt, ist jedoch zweitrangig zu verfolgen und auch selten durchgehend erreichbar. Das Wichtigere, ein ganzheitliches Erleben eines Liedes ermöglicht die dazugeordnete Bewegung (oder Gebärde), die instrumentale Begleitung oder die szenische Darstellung. Dabei steht dann die Freude an der Musik und der textbezogenen Bewegung im Vordergrund.

Auf die *individuellen Wahrnehmungsmöglichkeiten* der hörgeschädigten Kinder und Jugendlichen kann durch technische Verstärkung der Klänge und durch optische Hilfen eingegangen werden. Zum Beispiel fällt es einigen Schülern leichter, der Musik oder einem Rhythmus zu folgen, wenn diese zeitgleich visualisiert werden. Dabei können gezeichnete Linien der Tonhöhe folgen oder Tonabstände markiert oder die Intensität aufgemalt werden. Früher oder später liegt dann eine vollständige Notation vor. Eine andere Möglichkeit der Intensivierung der Musikwahrnehmung bietet das sich gleichzeitige Bewegen oder bewegt Werden in exakter Umsetzung von Melodie, Rhythmus und Dynamik. Da die Cochlearimplantate zurzeit noch in erster Linie auf Sprache ausgerichtet sind, werden Dynamik und Frequenzen der Musik eingeebnet, sodass vor allem beim Hören von Orchestermusik leicht ein Klangbrei entsteht. Einzelne Instrumente und rhythmisch deutlich strukturierte Musik sind deshalb deutlicher zu hören.

Erfahrungsgemäß werden besonders obertonreiche Instrumente von hörbeeinträchtigten Menschen gerne gehört. Es ist auch sinnvoll, beim *Musikhören* Instrumente zu benutzen, bei denen der Rhythmus durch große Bewegungen des Spielers sichtbar wird, beispielsweise bei allen Schlag- und Streichinstrumenten, damit zusätzlich ein visuelles Verfolgen des Geschehens möglich ist. Instrumente mit starken Vibrationen wie Pauken, große Trommeln oder das Klavier (auch Elektroorgel mit Lautsprechern) verstärken das Hörerlebnis. Mit Akkordeon oder Gitarre ist es der Lehrperson beispielsweise möglich, sich musizierend im Raum zu bewegen. Diese Instrumente sind besonders sinnvoll, um Aufgabenstellungen im Bereich motorischer Geschicklichkeit und Reaktion zu verdeutlichen und um Musik und Bewegung als Einheit erleben zu lassen.

2.5 Bewegung

Solange ein hörbeeinträchtigtes Kind den akustischen Effekt seines Tuns nicht wahrnehmen kann, also keine akustische Rückmeldung erfährt, wird es weniger zur Bewegung motiviert. Da aber *Wahrnehmung und Bewegung* in wechselseitiger Beziehung zueinander stehen, können hörbeeinträchtigte Kinder in der Bewegungsentwicklung gestört sein. Durch eingeschränkte Spielmotivation und geringeres Experimentieren entsteht ein Mangel an variierenden Bewegungen. Der Körper ist ungeübt, kann steif wirken und die Bewegungen erscheinen entweder vorsichtig oder unkontrolliert. Obwohl keine physischen Einschränken vorliegen, kann es dazu führen, dass die Bewegungen immer eingeschränkter werden und sehr zurückhaltend oder überschießend ausgeführt werden.

Im einem *Bewegungsunterricht*, in dem Musik sowohl zur Bewegung anregt als auch Bewegung begleitet und damit bewusst macht, lernt ein Kind seinen Körper in seiner Vielfalt und mit seinen Grenzen kennen und es erfährt den persönlichen Einsatz, der nötig ist, um eine Aufgabe zu bewältigen. Gleichzeitig spürt und erlebt es die Umwelt. Im direkten Kontakt mit einfachen Spielgeräten setzt sich das Kind haptisch mit einem Objekt in Beziehung und erfährt so etwas über seine eigenen körperlichen Möglichkeiten und über die Beschaffenheit des Gerätes. Dabei entwickelt es viele grob- und immer differenzierter werdende feinmotorische Fertigkeiten. Erst wenn es in der Grobmotorik sicher ist, kann es feinmotorische Aufgaben, wie z. B. das Schreibenlernen, bewältigen.

Steht der Körper zur Verfügung, werden *körperlicher Ausdruck* und nonverbale Aussagen damit möglich. Der Weg beginnt beim immer mit Bewegung verbundenen Spiel, führt über die Nachahmung und das Vorstellen eigener Spielideen zum spielerischen Umgang mit Signalen und Zeichen und endet in der Ausdrucksbewegung und Bewegungsgestaltung. Gleichzeitig lernen die Schüler die Bewegungen und körperlichen Äußerungen ihrer Mitmenschen zu deuten, was u. a. auch dem Erlernen von Gebärden entgegenkommt.

Musik kann durch Bewegung sichtbar gemacht werden und andersherum kann Bewegung Inspiration für musikalische Prozesse sein. Bewegungseinheiten und Tanz entstehen durch Improvisation. Durch einen Impuls von außen kann ein Thema vertanzt werden, dieser Impuls kann musikalischen Hintergrund haben oder von einem Bild oder einem Text stammen.

2.6 Sprache

Die Sprache ist entwicklungsgeschichtlich weniger erforscht als die dem Menschen natürlich gegebenen Ausdruckmöglichkeiten Musik und Bewegung. Möglicherweise sind Gesten ihre Vorläufer. Folgt man neuesten hirnphysiologischen Forschungen, ist das Singen eine „evolutionär früher entwickelte Leistung“ als das Sprechen.[16] Wenn wir Bewegung, Musik und Gesang zur Entwicklungsförderung von Sprache bei hörbeeinträchtigten Kindern einsetzen, können wir also sicher nicht ganz falsch liegen. Eine Bestätigung dafür liefert auch die Aussage einer Betroffenen, der als Kind ertaubten Perkussionistin Evelyn Glennie, dass sie ohne Musik nicht wüsste, was sie mit ihrer Stimme machen sollte.[17]

Die *Gemeinsamkeiten von Musik und Sprache* sind beachtlich. Die Tonerzeugung wird in beiden Fällen durch Bewegung des Körpers erzeugt. Die Übereinstimmungen liegen in Kombinationen von Tonhöhe, Tempo, Rhythmus (Wechsel von betonten und unbetonten Zeiten, Längen und Akzenten), Intonation und Intensität. Durch das Kennenlernen und den musikalischen Gebrauch dieser Elemente werden somit gleichzeitig Grundlagen der Sprache vermittelt und geübt. Wenn der Unterricht zugleich in einer Gemeinschaft geschieht, wird eine weitere, die soziale Grundfunktion der Sprache erlebt.

Dass Musikunterricht Einfluss auf die Sprache haben muss, erklärt sich daraus, dass die Hörfläche der Musik die der Sprache einschließt. Zudem

---

16 E. Altenmüller, in: E. Hickmann/R. Eichmann (Hg.): Musikarchäologische Studien, in Vorbereitung

17 vgl. E. Glennie in HÖRPÄD 1/2000, Heidelberg 2000

werden gleichzeitig mit dem Erwerb von Wahrnehmungskompetenzen wie Tonhöhen- und Tonlängenunterscheidung, Richtungshören und Rhythmuserkennung Grundfähigkeiten für den Spracherwerb[18] aufgebaut. Ähnlich wie die stufenweise Erschließung von Musik verläuft die Sprachentwicklung: Hier geht der Weg vom Ton zum Intervall, zum Motiv bis zur Melodie, und da vom Laut zur Silbe, zum Wort bis zum Satz.[19]

Wie weit die prosodischen Merkmale[20], die beim Erlernen von Sprache wichtig sind, von hörbeeinträchtigten Kindern erfasst werden können, hängt stark von den individuellen Hörfähigkeiten ab. Oft sind sie nur eingeschränkt oder gar nicht wahrnehmbar. Durch die Schulung des Bewegungsausdrucks, das Spiel mit (Sprach-)Rhythmen (z. B. Tempowechsel, Taktwechsel, Akzentverschiebungen) und melodischen Elementen (z. B. Intervalle, Tonfolgen, Phrasenbildung) können auch bei Menschen, die vor dem Spracherwerb ertaubt sind, beachtliche Verbesserungen in der Prosodie erreicht werden.

Um eine *Vorstellung von Stimme und Sprache* zu entwickeln, müssen jüngere hörbeeinträchtige Kinder Sprache eventuell auch ertasten. Dafür lässt man sie wiederholt die Schwingungen am eigenen Kehlkopf und dem des Pädagogen wahrnehmen. Auch hörbeeinträchtige, vor allem audio-verbal erzogene Kinder und Jugendliche haben das Bedürfnis, mit der eigenen Stimme zu experimentieren und zu lautieren. Raum für ein unbelastetes und kreatives Benutzen und Ausprobieren der Stimme muss gegeben werden, welches ganzheitlich mit vollem Körpereinsatz praktiziert wird und mit Hilfe verschiedener Instrumente intensiviert werden kann (z. B. Singen in eine Handtrommel oder Röhre). Lieder und Reime erhalten einen besonderen Stellenwert, weil sie die Kinder durch den sich wiederholenden Rhythmus in übersichtlicher Grundstruktur (musikalische Periodenbildung) faszinieren.

2.7 Kinder und Jugendliche mit erhöhtem Förderbedarf

Treffen mehrere schwere Behinderungen zusammen, liegt eine „schwere mehrfache Behinderung“ vor und der davon betroffene Mensch hat dadurch einen hohen Hilfs- und Förderbedarf. Eine an sich leichte Schädigung kann durch weitere Beeinträchtigungen ein starkes Gewicht bekommen. Ob ein-

18 sog. Low-Level-Funktionen
19 vgl. Veröffentlichungen von M. Ptok sowie U. Tewes, Medizinische Hochschule Hannover
20 Sprachmelodie und -rhythmus

zelne Beeinträchtigungen als Folge von anderen Behinderungen resultieren oder als Ausgangsschädigung anzusehen sind, ist manchmal schwer festzustellen.

Liegt zusätzlich zur Hörbeeinträchtigung eine geistige Behinderung vor, sind häufig Auffälligkeiten in der Bewegung, entweder durch einen Bewegungsüberschuss oder eine Bewegungsarmut, zu beobachten. Hinzu kommen Koordinationsschwierigkeiten und eine verzögerte Entwicklung der Grob- und Feinmotorik. Das Erlernen von Sprache ist durch diese mehrfachen Einschränkungen besonders erschwert und auch bei optimaler Versorgung mit Hörhilfen ist meist nur gebärdenunterstützte Sprache erlernbar oder es müssen andere Kommunikationsmittel hinzu gezogen werden.

Für die *pädagogische Arbeit* ist es letztlich unwichtig, welche Erscheinung und welches Verhalten wodurch entstanden ist. Es gilt zu beobachten, welche Entwicklungsmöglichkeiten und Förderbedürfnisse erkennbar sind. Anstelle von Mehrfachbehinderung oder erhöhtem Förderbedarf zu sprechen, wird deshalb aus der Richtung der Psychotherapie vorgeschlagen, von „Menschen mit vielseitigen undefinierten Potenzialitäten" zu sprechen.[21] Damit ist sowohl jedes Erfolg versprechende Angebot der Förderung und Unterstützung von Entwicklung möglich als auch jeder individuelle Weg zur je einzigartigen Persönlichkeit offen. Zu letzterem gehört auch die Nutzung individueller künstlerischer Ausdrucksmittel wie Bewegung, Musik und Bild.

Da sich über Musik und Bewegung ganz natürlich und am direktesten eine Tür zwischen Menschen öffnen lässt, ist ein Unterricht damit besonders nahliegend. Während beim Menschen mit weitgehend intaktem Gehör grundsätzlich von der Fähigkeit zur Wahrnehmung von Musik als Musik auszugehen ist, muss beim Mensch mit Hörbeeinträchtigung erst die Voraussetzung zum Wahrnehmenkönnen geschaffen werden, sei es durch Hörhilfen oder die (eventuell gleichzeitige) Ansprache über den taktilen Sinn. Das heißt, das Gesamtgefüge des Kindes ist von Grund auf nicht im Gleichgewicht, ohne dass sich noch zusätzliche oder andere Beeinträchtigungen auf die Entwicklung auswirken. So können beispielsweise Einschränkungen im Bewegungsapparat die Sensomotorik stören, weil Bewegung und Wahrnehmung in der Auseinandersetzung mit Welt eine Einheit bilden. Da dadurch nicht ausreichend Wahrnehmungen gemacht werden können, wird die Verarbeitung und die Entwicklung des zentralen Nervensystems zu wenig an-

21 in: Geistige Behinderung 4/2006, Marburg 2006

geregt. Die reduzierte Entwicklung des Gehirns beeinträchtigt wiederum die Möglichkeit zu Lernen. Eine umfangreiche Förderung mit Musik und Bewegung ist dann speziell angesagt.

3. Rhythmik mit hörbeeinträchtigten Kindern und Jugendlichen

3.1 Allgemeines zur Rhythmik

Die rhythmisch-musikalische Erziehung, kurz „Rhythmik" ist ein mehrdimensionales, dialogisches Geschehen. Als *pädagogisch-künstlerisches Verfahren* arbeitet es mit der Verknüpfung der Mittel Musik und Bewegung, die aus sich heraus die Ausrichtung auf eine nonverbale Kommunikation nahe legen.

In der Rhythmik wird entdeckt, erkundet und neu angeeignet. Bekanntes wird wiederholt, umstrukturiert und neu kombiniert. Neu entdeckte Zusammenhänge führen wiederum zu neuen „Erfindungen". Rhythmik ermöglicht unbeschwertes Lernen und schöpferisches Gestalten. Am Anfang steht ein auf ein spezifisches Lernziel abgestimmtes musikalisches und bewegungsmäßiges Spielangebot. Nach dieser offenen Phase wird entschieden, wann neue Impulse zum Weiterspielen oder zum Verstehen, Üben und Vertiefen gegeben werden, um dem Lernziel näher zu kommen. In einer gelösten Situation können die Schüler zwischen Experimentieren und Lernen hin und her pendeln und so Fähigkeiten, Fertigkeiten und Wissen erweitern und eigene künstlerische Lösungen finden.

Rhythmik ist eine pädagogische Arbeitsweise, die den Menschen als Einheit wahrnimmt. Therapeutische Effekte sind möglich und willkommen. Es ist immer von Bedeutung, medizinische Informationen, beispielsweise Hinweise auf einen Herzfehler oder ein Anfallsleiden, vorab einzuholen, um Rücksicht nehmen zu können oder für den Notfall vorzusorgen. Für den Rhythmikunterricht selbst ist es allerdings nicht wichtig zu wissen, ob eine Beeinträchtigung vorliegt oder wodurch diese bedingt ist. Vielmehr geht es darum, jeden Menschen in seinem so Sein anzunehmen und sensibel wahrzunehmen, um ihm dort zu begegnen, wo er sich mit all seinen Möglichkeiten und Bedürfnissen befindet.

Die *Zielgruppe* und der *Entwicklungsstand* der einzelnen Schüler bestimmen die Auswahl der schwerpunktmäßigen Lernangebote, der kurz- und langfristigen Ziele und die Gestaltung der Unterrichtsstunde. Das methodische Vorgehen an sich bleibt in der Rhythmik immer gleich, umfassende entwicklungspsychologische Kenntnisse bilden ihre Basis. Durch die Beobachtung von verschiedenen Fähigkeiten, Fertigkeiten und vom Verhalten kann der Entwicklungsstand der Schüler als Gruppe und als Einzelpersonen (ohne Wertung und Vergleichsgrößen!) festgestellt werden, der wiederum auf die nächsten Schritte im Lernangebot hinweist. Die Übungsangebote werden so aufgebaut, dass jedes Kind in der Gruppe seinem individuellen Stand entsprechend mitarbeiten kann. Das heißt, die Übungen beinhalten oft gleichzeitig verschiedene Schwierigkeitsgrade oder können durch minimale Variationen unterschiedlichen Lern- und Leistungsniveaus angepasst werden.

Die Schüler werden über verschiedene Wahrnehmungskanäle angesprochen. Ein Thema taucht in verschiedenen Übungen wieder auf. Man kann sich die Wiederholungen spiralförmig vorstellen, sodass die Inhalte in abgewandelter Form erneut erscheinen. Den Schülern wird die Möglichkeit gegeben, Unbekanntes und neue Zusammenhänge selbständig aus der Sache und dem Tun heraus zu erkennen.

Es ist wichtig, dass der Pädagoge *neue Ideen der Schüler* aufgreift. „Neu“ ist alles, was der Schüler für sich als neu empfindet. Die Aufgabenstellungen sind so weit wie möglich offen, sodass sie Platz für Erweiterungen und Ergänzungen lassen. Jeder Schüler soll zu jeder Zeit den Unterricht mitgestalten können (sofern er dabei sich, Mitschüler und Gegenstände nicht gefährdet) und stets eigene Erfahrungen sammeln können. Am Anfang steht ein kleiner Impuls oder eine klare Aufgabenstellung der Lehrperson, welcher durch die Phantasie der Schüler erweitert werden kann. Der Pädagoge nimmt gerne das Angebot eines Schülers entgegen und die Gruppe entwickelt die Aufgabe gemeinsam weiter. Neue Ideen gestalten so den Stundenablauf mit und machen die Stunde lebendig, ohne dass die Lehrperson die Zielsetzung aus den Augen verliert.

Hier wird deutlich, dass die *Improvisation* ein Hauptmerkmal dieses Unterrichts ist. Unter Improvisation wird alles bewusst Gestaltete verstanden, das stellenweise wiederholbar, aber durch Unvorhergesehenes jederzeit abwandelbar zu einem Ganzen weiter entwickelt werden kann. Einerseits wird die Improvisation in der Rhythmik als methodisches Mittel gesehen, andererseits bedarf sie der Kraft des Ordnens und Gestaltens – seitens der Schüler und des Pädagogen –, damit das (Unterrichts-)Ziel erreicht wird. Vorrausetzungen für kreatives Verhalten in einer Improvisation sind vorher gesammelte Bewegungs- und Musizierideen und die dazu gehörigen Techniken, also ein umfangreiches Repertoire an bisherigen Erfahrungen und Fähigkeiten. Auch die Improvisation in der Gemeinschaft spielt eine wichtige Rolle. Einerseits wird damit die Freude am gemeinsamen Musizieren oder Bewegen geweckt und andererseits können darin allgemein erzieherische und besonders soziale Ziele verfolgt werden. Improvisationsmittel sind der Körper, die Stimme, Instrumente, einfache Spielgeräte und bildnerische Gestaltungsmaterialien.

Einige Aufgaben beinhalten *Wechselspiele*, in denen die Schüler abwechselnd agieren oder den Mitschülern zuschauen. Nicht die Lösungsqualität ist dabei wichtig, sondern das Erleben des Wechsels zwischen Spannung und Entspannung und das Umschalten vom Darstellen eigener Ideen zum Zuschauen und zurück.

Rituale innerhalb des Unterrichts erzeugen ein Gruppengefühl und geben Sicherheit. Dazu gehören Anfangs- und Schlussrituale, sowie immer wiederkehrende Angebote im Stundenverlauf. Sie werden gemeinsam entwickelt und in jeder Stunde weiter ausgebaut. Sie lassen genug Platz für eigene Ideen und Kreativität. Ein zusätzlicher Aspekt der Sicherheit bietet die Sitzordnung zu Stundenbeginn. Solange es für eine ungestörte Mit- und Zusammenarbeit angebracht erscheint, hat jeder Schüler einen festen Platz (ein Stuhl, ein aufgemalter Punkt, etc.), an den er jeder Zeit zurückkehren oder sich zum Ausruhen zurückziehen kann. Er selbst entscheidet, wann er sich wieder aktiv beteiligen möchte. Solange ihm dies nicht aus eigenem Antrieb gelingt, erhält er nur die kleinst nötige Aufmunterung und Bestätigung über die Musik, den Blick oder eine Berührung von der Lehrperson.

Die *nonverbale Kommunikation* überwiegt jederzeit im Rhythmikunterricht, unabhängig von den Zielgruppen (Kinder bis Senioren, mit und ohne institutionellen Rahmenbedingungen, mit den unterschiedlichsten Wünschen und Bedürfnissen). Zur Vermittlung von Unterrichtsinhalten, in der Interaktion und Improvisation werden Musik (stimmlich oder instrumental), Körperbewegung und verschiedene bewegliche Spielgeräte genutzt.

Verschiedene *Sinneseindrücke* laufen im Rhythmikunterricht häufig parallel ab. So kann ein auditiver Eindruck gleichzeitig visuell, taktil und kinästhetisch vermittelt werden. Das Gehirn lernt die verschiedenen Eindrücke gleichzeitig zu verarbeiten. Es ist dadurch besonders aktiv, die Speicherung geschieht damit in mehreren Hirnregionen und die Eindrücke sind deshalb später länger aus dem Gedächtnis abrufbar. Gleichzeitige Wahrnehmung in mehreren Sinnesbereichen verstärken den Informationsumfang, indem sich die einzelnen Wahrnehmungen ergänzen, bestätigen oder korrigieren. Man kann also davon ausgehen, dass das mehrkanalige, multisensorische

Vorgehen die Sinneswahrnehmung im Einzelnen schärft und verfeinert und folglich auch das Hören an sich differenziert wird.

In der Praxis hat sich gezeigt, dass der Rhythmikunterricht ab dem neunten oder zehnten Lebensjahr in geschlechtlich homogenen Gruppen oft erfolgreicher verläuft als in gemischten. Etwaige *Altersunterschiede* sind weniger entscheidend als die Scheu Jugendlicher, einander in der Bewegung zuzuschauen oder alleine den anderen etwas gestaltend vorzuzeigen. Vor allem werden die Jungen untereinander sehr viel einfallsreicher und ausdrucksstärker.

3.2 Wege zu den Künsten

3.2.1 Bewegung

Bewegung ist Voraussetzung für Wahrnehmung. Jede Entwicklung vollzieht sich in der Bewegung. Ein Ziel der Rhythmik ist, den Körper in Bewegung als einheitliches Gesamt des Seins in Welt zu verstehen. Dazu gehört zusammen mit der Differenzierung der Sinneswahrnehmung die Entwicklung einer Körpervorstellung und eines gesunden Körperbewusstseins, die Schulung des Gleichgewichts, der Koordinations- und Reaktionsfähigkeiten sowie der Geschicklichkeit und des eutonischen Krafteinsatzes.

Durch eigene und fremde Berührungen erfahren wir unseren Körper mit seinen Grenzen (Propriozeption) und lernen ihn kennen. Durch die meist ungewohnte Form der Wahrnehmung, also Reize über den taktilen Sinn aufzunehmen oder sich tastend (haptisch) mit einem Objekt in Beziehung zu setzen, wird die Umwelt körpernaher als mit Augen und Ohren wahrgenommen. Die erweiterte taktile Wahrnehmung, die sogenannte kinästhetische Wahrnehmung, beinhaltet zusätzlich die Beziehung des Körpers zur Umwelt und die Verhältnisse des Körpers in sich selbst. Hierzu gehört auch das Empfinden dafür, wann, wie und mit welcher Intensität eine Bewegung initiiert wird.

Bewegungsbegleitung und Bewegungsanregung durch das Instrumentalspiel der Lehrperson sind Mittel nonverbaler Unterrichtsanweisung. Ausgegangen wird von den einfachsten Fortbewegungsarten, die fast alle Kinder in den ersten Lebensjahren spontan für sich entdecken: Laufen, galoppieren, hopsen, gehen, hüpfen etc. Der Gang, das Gehen schlechthin, ist Inbegriff des menschlichen Seins in Welt.[22] Die Aufgaben dazu werden in

22 vgl. z. B. H. Kükelhaus/R. zur Lippe: Entfaltung der Sinne – Ein „Erfahrungsfeld" zur Bewegung und Besinnung, Frankfurt 1982

der Rhythmik als Übung der *Grundbewegungsarten* bezeichnet. Anfangs ist es wichtig, dass die Lehrperson die vom Kind gezeigten Bewegungen über das begleitende Instrumentalspiel bewusst erlebbar macht. Das gelingt nur, wenn die Übertragung in Tempo (Achtung: Kleine Kinder haben andere Tempi als große) und Rhythmus ganz exakt gelingt. Gerade bei hörbeeinträchtigten Kindern muss diese Übertragung individuell und sehr aufmerksam gestaltet werden. Sobald die rhythmischen Eigenarten von Fortbewegungen erkannt und erfasst sind, gelingt die Umkehrung, d. h. der von der Lehrperson gespielte Rhythmus kann vom Schüler in die Bewegung übertragen werden. Durch die spätere Weiterentwicklung und Differenzierung der Bewegung wird über den Körper erfahren, was und wie Musik sein kann.

Letztlich muss ein großes *Repertoire an Bewegungen und Bewegungsfertigkeiten* entwickelt worden sein, damit die Schüler eigene Ideen finden und realisieren können. Erst wenn sie die Bewegungsmöglichkeiten ihres Körpers erfahren und unterschiedliche Bewegungen selbst ausprobiert haben, können sie gestalterische Fähigkeiten entwickeln. Weiterführend muss gelernt werden, den *Bewegungsausdruck* zu steuern. Das heißt der Schüler muss wissen, was er mit seiner Bewegung ausdrücken will und wie diese für den Zuschauer wirkt. Mit dem inneren Vorstellungsbild einer Bewegung wächst das Körperbewusstsein und das Ausdrucksvermögen steigert sich. Das innere Vorstellungsbild wird über den Körper nach außen getragen, für andere sichtbar, lesbar und bestenfalls verstehbar. Im Spiel mit einem Gerät können ganz neue, ungewohnte Bewegungsfolgen und -qualitäten entstehen. Die Schüler bewegen sich beispielsweise zuerst mit einem bestimmten Gerät. Wenn eine Idee oder eine ganze Bewegungsabfolge damit gefunden wurde und bewusst, also wiederholt ausgeführt werden kann, wird das Gerät zur Seite gelegt und die Bewegung ohne Gerät wiederholt. Wenn diese in dem gewonnen Bewusstsein mit derselben Intensität ausgeführt wird, bekommt sie eine Eigendynamik und wird ausdrucksstark. Durch die passende Musik wird die so gefundene Bewegung rhythmisch gefestigt und steht dann – ohne Gerät – für Improvisationen und Variationen zur Verfügung.

Bewegungsgestaltungen sind in der Rhythmik Bewegungskompositionen mit oder ohne Musik. Ausgangspunkt auf dem Weg zur Gestaltung mit Musik ist das Spielen und Improvisieren, das mit Körper oder Objekten durch wenige Impulse der Lehrperson so initiiert wird, dass die Bewegungsmöglichkeiten schon Teile einer ausgewählten Musik enthalten.

Damit kann anschließend die Musik verstanden und selbständig in Bewegung umgesetzt werden. Anstelle einer Musikimprovisation oder eines interpretierten Musikstückes aus der Literatur werden auf dem gleichen Weg Werke der bildenden Kunst in Bewegung übertragen und dargestellt. In der weiterführenden Arbeit kann eine kurze Choreographie festgelegt oder aus einem Motiv ein größeres Musikwerk erschlossen und durch Bewegung interpretiert und dargestellt werden. Machen sich die Schüler Gedanken, wie ein bestimmter Sinneseindruck (Vibration, Musik, Bild) und das dadurch ausgelöste Gefühl in Bewegung umgesetzt werden kann, werden Wahrnehmung und Emotion erst richtig bewusst. Mit der Zeit und viel Übung werden die Aussagen mit dem Körper immer vielfältiger und die Bewegung selbst immer ausdrucksstärker und authentischer. Ein großer Teil von Musik wird damit verkörpert und wirkt als eigene Sprache ungeachtet eventueller Einschränkungen in der Wahrnehmung. Bewegung, auch Tanz genannt, wird somit zum künstlerischen nonverbalen Ausdrucksmittel, für den Zuschauer zum Erlebnis und in der Gemeinschaft außerdem zum nonverbalen Kommunikationsmittel.

Welche Bewegung?

Jaques-Dalcroze hat zu Beginn der Rhythmik (anfangs des 20. Jahrhunderts) zwei Arten von menschlicher Bewegung als musikverwandt und für die musikalische Entwicklung des Schülers als nützlich erkannt: Einerseits die Fortbewegung (oder die dirigierähnliche Bewegungsfolge) als Puls und Rhythmus der Musik und andererseits die plastique animée, die durch Musik in Bewegung geratene und vom Ausführenden mit Leben erfüllte Skulptur, deren ästhetische Idealform zu dieser Zeit noch in der griechischen Antike gesehen wurde. Daran hat sich im Grunde kaum etwas geändert, die Übergänge sind fließender geworden, mehr als einhundert Jahre Entwicklung haben in vielerlei Hinsicht ihre Spuren hinterlassen. Nach wie vor geht es sowohl um „Bewegte Musik" als auch um „Musikalische Bewegung".

1. Fortbewegung

„Gehst du schon zur Schule?" oder „In welche Klasse gehst du?" wird das Kind gefragt, will man sich ein Bild über sein Alter und den Stand seiner Entwicklung machen. So fragen wir, auch wenn das Kind gerade im Bus sitzt. In die Schule *gehen*, zum Unterricht *gehen* – offenbar geht man dorthin, wo man etwas lernen will. Ist also nicht nur der Ortswechsel sondern das Gehen selbst eine Voraussetzung für Lernen, ist das Sich-Fortbewegen der erste Schritt von Lernprozessen?

Um in der Genauigkeit der Bedeutung von Gehen als Fortbewegung zu bleiben, müsste eigentlich gefragt werden: „Gehst Du schon zur Schule, oder läufst Du noch?“ Die Antwort zeigt uns das Kind, wenn es neben uns hergeht und ein Merkmal des Entwicklungsstandes verrät. Läuft es mehr als dass es geht, ist es nicht nur munter sondern auch noch recht jung. Aus dem noch ungelenken Tapsen und Trippeln des Ein- bis Zweijährigen hat sich die lange bevorzugte Fortbewegung, das recht schnelle Laufen entwickelt. Erst allmählich kann das Kind auch ein gemütlicheres oder wenn nötig langsames Vorwärtsgehen bewusst ausführen, welches schließlich vom Jugendlichen und Erwachsenen, je nach Bedarf und Wesensart in Tempo und Körpereinsatz variierend, im Alltag hauptsächlich gebraucht wird. Selbstverständlich wechselt aus gegebenem Anlass (Sport, Eile) auch das ältere Kind und der Erwachsene zum Laufen, das aber bedingt durch Körperbau und -gewicht wesentlich langsamer ist als das des Kleinkindes.

Das Kleinkind geht beim schnellen Laufen unwillkürlich in ein Galoppieren über, weil das Gleichgewicht auf den schräg hintereinander gehaltenen Beinen einfacher zu halten ist, als auf den sich ständig im schnellen Wechsel vorne und hinten befindenden. Trotzdem hat der Jugendliche und Erwachsene oft das Galoppieren nicht mehr in seinem Bewegungsrepertoire. Hat die Körperbeherrschung des Kindes zugenommen, kommt es ganz alleine (in der Regel zwischen dem 4. und 5. Lebensjahr) auf die Idee zu hüpfen, denn dieses abwechselnd auf dem rechten und linken Fuß lockere Aufhüpfen ist spontaner Ausdruck von Freude und Wohlgefühl. Der Jugendliche und Erwachsene hat diese Fortbewegungsart meist noch als Automatismus zur Verfügung, setzt ihn im Alltag aber kaum noch ein.

Wenn der Schüler zum Rhythmikunterricht kommt, tut er dies also in seiner altersabhängigen, bevorzugten Fortbewegungsart. Er bringt damit den ersten wichtigen Unterrichtsinhalt schon mit. Seine Fortbewegung und die vielfältigen Variationen davon sind die Ausgangsbasis des Rhythmikunterrichts, sie sind das Grundmuster der „Musikalischen Bewegung“ und werden deshalb auch als Grundbewegungsarten bezeichnet. Ohne diesen Grundbestand von Bewegung gäbe es keinen Tanz. Ohne ihn gäbe es kein Erfassen von Rhythmus und demzufolge von Musik.

Mit den Grundbewegungsarten wird alles vorbereitet, was in Teil II (Praxisanregungen zur Musik) unter speziell musikalischen Inhalten aufgenommen und/oder weitergeführt wird. Insbesondere geht es dabei um die Bewusstmachung, wann und wie man sich bewegt. Es beginnt mit dem durch Musik gelenkten Unterbrechen und Wiedereinsetzen einer Bewegung, wodurch bewusste Bewegungssteuerung, Aufmerksamkeit und Reaktionsbereitschaft geübt und gelernt werden. Diese sind oft nur zu Beginn einer Bewegung vorhanden, müssen aber während der ganzen Dauer aufrechterhalten werden können, um bei der Sache zu bleiben. Parallel dazu verläuft das Spüren eines Pulses (regelmäßiger Schlag, Metrum), das Kennenlernen und Einsetzenkönnen von verschiedenen Tempi und Rhythmen, die sich aus den Grundbewegungsarten von alleine ergeben. Erst durch die Bewusstmachung des eigenen Tempos kann auch fremdes oder anderes Tempo, ein *Grundschlag* oder Takt, aufgenommen werden. Wir üben also im Unterricht mit den Grundbewegungsarten, denen nebst dem Eigenrhythmus ein regelmäßiger Schlag zu Grunde liegt, in erster Linie auch die Empfindung für unterschiedliche Metren. Sobald die Fortbewegungsart flüssig abläuft, sozusagen „natürlich" wirkt, hat sie sich einem, diesem individuellen Körper entsprechenden, Grundschlag angepasst und ist mit Notenwerten notierbar.

In der aus den Fortbewegungsarten abgeleiteten, weiterführenden Arbeit mit Puls und Rhythmus stellt sich fast wie von selbst eine *Taktart* ein (hierzulande meist ein gerader), weil wir geneigt sind, innerhalb eines regelmäßigen Grundschlages oder eines Rhythmus' Betonungen hinein zu hören, auch wenn sie gar nicht wirklich vorhanden sind. Wie weit das Vorgänge sind, die dem stets mit Musik umgebenen Hörenden unterlaufen oder ob sie sich auch beim sehr schwer Hörenden einstellen, bleibe dahin gestellt. Zur Musik gehört der Takt sowohl als Leitfaden als auch – ungleich wichtiger – als Charakter bildendes Element. Aber nicht zu vergessen: Auch Musik ohne Regelmaß hat eine eigene Stellung und Aussage, wie Neue Musik vielfältigst zeigt. Hier sind die Grenzen eines Weges zur Musik über die Grundbewegungsarten erreicht und die andere Art von Bewegung kommt hinzu.

2. Ausdrucksbewegung

Um zu dem anderen bewegten, wichtigen Unterrichtsinhalt zu gelangen, ist für das Kind – für das hörbeeinträchtigte Kind ganz besonders – das Spiel mit einfachen *Spielsachen* ideal. Das Spiel bedarf keiner oder höchstens ganz weniger verbaler Anweisungen, die Kinder entwickeln sich ihre eigenen Vorstellungen dazu und nonverbale Aktionen des mitspielenden oder musizierenden Lehrers kommen zum Tragen. Der Körpergröße angepasste, in

Form und Farbe einfache Spielsachen wie Bälle und Reifen eröffnen durch sich selbst das Spiel, das nur mit dem bewegten Körper gespielt werden kann. Kinder bringen in der Regel die Spiellust mit in den Unterricht, ältere Schulkinder und Jugendliche müssen sie manchmal erst wieder entdecken. Beide benötigen dafür einen altersgerechten Anlass, der bei den einen allein durch das Vorhandensein eines Gegenstandes gegeben sein kann, bei den andern jedoch in eine Aufgabe oder einen Themenrahmen eingebunden werden muss. Freie Spielphasen innerhalb einer Unterrichtsstunde sind nicht nur Gelegenheiten für die Schüler, die Stunde locker beginnen zu können, sich von anstrengenden Übungsphasen zu erholen oder nach langem Stillsitzen wieder in Bewegung zu kommen. Das Experimentieren mit den Spielgeräten ist in der Regel auch ein direkter Vorlauf für später auf das Thema bezogene, festzulegende Spielregeln und Übungen, in die die Bewegungsideen der Schüler aufgenommen werden. Es hängt von dem Gerät selbst und von der Art des Angebots durch die Lehrperson ab, welche Ideen entstehen und folglich für die Weiterführung zum Thema zur Verfügung stehen. Bei diesem Vorgehen erübrigen sich oft komplizierte verbale Handlungsanweisungen oder das Vormachen der Lehrperson. Die Bindung an ein Spielgerät erleichtert vielen Schülern gerade am Anfang, mit der eigenen Bewegung etwas zum Ausdruck zu bringen, einander zuzuschauen oder sich zu mehreren aufeinander reagierend zu bewegen.

Mit der Zeit können sich die Schüler immer weiter von gegenständlichen Objekten und konkreten Vorstellungen entfernen, sich durch alle Arten von Aufgabenstellungen und Kunstwerken zur Bewegung anregen lassen und zu einer *eigenen Bewegungssprache* finden.

Die Bewegungen in der Fortbewegung und im Spiel mit Geräten könnte man als „natürliche Bewegung“ bezeichnen. Sie sind einfach da. Damit wird der Unterricht, eine einzelne Stunde, eine Einheit oder die Gesamtheit des Rhythmikunterrichts begonnen. Damit kommt der Schüler in den Raum, zu sich und in die Gruppe. Im weiteren Verlauf wird die natürlich entstandene Bewegung durch und in Beziehung zur Musik bewusst, differenziert, verfeinert, erweitert und steht letztlich als *Ausdrucksmittel* zur Verfügung. Aus diesem Ansatz heraus beinhalten die Praxisanregungen zur Bewegung in Teil II überwiegend und ausführlich Übungen zu den Grundbewegungsarten und zum Spiel mit Material. Diese Grundlagen bekommen in der Arbeit mit hörbeeinträchtigten Menschen besonderes Gewicht, weil nur durch den Körper mit seinen von Natur aus vorhandenen, entwicklungsbedingten Bewegungsmöglichkeiten der Zugang zur Musik und zum persönlichen

Ausdruckspotential in allen Künsten eröffnet werden kann. Die Summe der je eigenen Bewegungsmöglichkeiten ist die Quelle, aus der der Schüler für seine individuelle Bewegungsgestaltung schöpfen kann, sei es in der nicht musikgebundenen freien Bewegung, in der auf Musik bezogenen Bewegungsimprovisation, oder im mehr oder weniger überlieferten Tanz.

3.2.2 Musik

Die Welt ist voll von Schall, Klängen und Geräuschen, in denen Signale, Symbole oder gar Musik versteckt sind. Im Alltag begegnen wir ständig lebenswichtigen oder handlungsanweisenden akustischen Signalen. Hörbeeinträchtigten Kindern muss ihre Funktion deutlich gemacht werden. Selbst Signale, Geräusche und Töne zu erzeugen, bringt uns nicht nur Freude sondern auch Vorteile, um beispielsweise auf sich aufmerksam zu machen oder auf das Verhalten anderer Menschen Einfluss zu nehmen. Die Kinder müssen dazu angeregt werden, selbst mit der Stimme und Klängen zu experimentieren. Damit bekommen sie ein Feedback auf die eigenen motorischen Handlungen, bringen Ursache und Wirkung in Zusammenhang und erleben insbesondere im Rhythmikunterricht die Einheit von Bewegung und Klang. Sind aber Geräusche, Lärm oder Töne schon Musik?

Musik ist gar vielerlei, könnte man in Anlehnung an Scheiblauer[23] antworten, weil Musik immer das ist, was der Mensch Musik nennt. Denn die Fähigkeit, Musik als Musik zu erleben, ist dem Menschen angeboren, „man kann sich ihr [der Musik] nicht entziehen". Es gibt nur individuelle und graduelle Unterschiede in der Intensität des Musikerlebens, im Erfassen und Verbalisieren von Musik und in ihrer körpertechnischen (Re-) Produktion.[24] Weil Musik eine Sprache für alle ist und eine Brücke zwischen Menschen baut, können durch sie die Kontaktaufnahme und die nonverbale Kommunikation erleichtert werden.

Fühlbare Musik

In der Regel kann man davon ausgehen, dass der Schüler schon in der Frühförderung auf das Fühlen von Vibrationen aufmerksam gemacht wurde. Vorbereitung auf das „Musikhören" und „Musikmachen" sowie deren Erweiterung und Unterstützung über Vibrationswahrnehmung kann aber

23 Vortrag von Mimi Scheiblauer unter dem Thema „Rhythmik ist gar vielerlei" (1968), worin sie dieses Zitat eines ungenannten Kritikers von 1911 aufgreift (veröffentlicht in „Lobpreisung der Musik", Nr. 6–7–8 1969).

24 Probst et al., 2006, S. 5 f.

nur im vielseitigen und intensiven Umgang mit Vibrationen geschehen. An erster Stelle steht das Erleben, gefolgt vom Zuordnen und Verstehen sowie anschließend von der Sensibilisierung des Körpers für die Wahrnehmung der Vibrationen über die Luft. Dieser Weg braucht viel Zeit, das heißt auch die Lehrperson muss sich Zeit nehmen zu warten, Pausen zu machen, um dem Schüler (evtl. in Einzelsequenzen) immer wieder die Gelegenheit zum wiederholten Hören und Fühlen zu geben. Vorwiegend audio-verbal ausgerichtete Pädagogen werden die Übungen zu diesem Bereich überspringen wollen oder erst bei älteren Schülern einsetzen.

In vielen Situationen ergänzt oder ersetzt dem hörbeeinträchtigten Kind der taktile Sinn zur Wahrnehmung von Vibrationen den Hörsinn. Wenn sich Pädagogen für die Nutzung dieses Sinnes beim Schüler entscheiden oder der Erwachsene es möchte, kann die Empfindung durch gezielte Übungen immer differenzierter ausgebildet werden.

Die Schüler müssen erst an das Erfühlen von *Schwingungen* herangeführt werden. Am Anfang muss der ganze Körper direkt mit einem Instrument in Kontakt kommen, damit das Kind die Vibrationen entdecken kann. Später oder bei älteren Kindern genügen bald schon nur die Handflächen. Die erhaltenen Informationen werden danach in die passenden Bewegungen umgesetzt, z. B. in dirigierende Armschwünge, Mitklopfen oder Fortbewegung im Raum. Noch später können die Vibrationen z. B. auf einer Handtrommel neben dem Instrument erfühlt werden. Nach und nach kann der Abstand zum Instrument immer größer werden. Die Schüler erfühlen dann die Vibrationen überall im Raum, sie „hören" – je nachdem mit oder ohne Hilfsgerät – und setzen die Musik unmittelbar in Bewegung um (s. u.).

Der *Körper* kann an vielen verschiedenen Stellen Vibrationen wahrnehmen. Besonders empfindlich sind Fingerspitzen und Wangen. Van Uden hat bei seinen Untersuchungen herausgefunden, dass die Töne von 40–80 Hz besonders im Bauchraum zu spüren sind, die Töne von 80–130 Hz werden in der Brust, von 130–250 Hz im oberen Brustbereich und die von 250–500 Hz besonders in der Kehle und am Hals gefühlt.[25]

Van Uden unterscheidet zwischen *Kontaktfühlen und Resonanzfühlen*. Beim Kontaktfühlen werden die vibrationsübertragenden Flächen direkt und am besten mit tastempfindlichen Körperteilen wie den Fingerspitzen, den Lippen, den Wangen oder den Fußsohlen berührt. Geeignete, Vibration

25 van Uden, 1982

übertragende Objekte sind Luftballons, Bälle, Fellinstrumente wie Trommeln und Pauken oder die Lautsprecher der Musikanlage. Ein Schwingfußboden verstärkt die Übertragung. Beim Resonanzfühlen werden die Klänge über die Luft auf den Körper übertragen. Der Körper nimmt die Schwingungen über die Haut, die Knochen und über die Hohlräume und Flüssigkeiten im Körper auf. Der Körper schwingt bei bestimmten Schallfrequenzen mit, die von einer nahen Schallquelle ausgesandt werden.

Zur Verdeutlichung der Empfindung von Vibrationen werden die Schwingungen der Instrumente oder der Musikanlage zusätzlich *sichtbar* gemacht. Dafür eignet sich besonders ein großes Fellinstrument (Tischtrommel oder Pauke), auf das ein leichter Gegenstand gelegt wird, z. B. ein Luftballon, etwas Watte, Federn, Papierschnipsel, ein Japanball aus Papier. Die Gegenstände „tanzen" schon bei der kleinsten Schwingung und springen in die Höhe bei einem starken Anschlag. Möglicherweise kommen Kinder mit solchen zusätzlichen, visuellen Informationen besser zur Nutzung des Restgehörs, weil sie durch die Verbindung der Empfindungen verstehen, dass es etwas zu „hören" gibt, auch wenn nur einzelne Frequenzen auditiv wahrnehmbar sind.

Das Erkennen einer Information über das Vibrationsgefühl benötigt oft mehr Zeit als die auditive Wahrnehmung. In den Aufgabenstellungen ist deshalb vom Pädagogen zu berücksichtigen, dass die motorischen *Reaktionen* später als bei Hörenden einsetzen und zeitlich nach hinten versetzt erfolgen können.

Hörbare Musik

Musik wird im Rhythmikunterricht mit dem ganzen Körper und über die Bewegung „gehört" und individuell gestaltet. Auch von hörbeeinträchtigten Menschen kann weit mehr als nur das Metrum wahrgenommen werden. Bis zum Musikhören ist ein langer, aber auch interessanter Übungsweg nötig. Die Schüler können beispielsweise durchaus lernen, sich entsprechend zur Musik vom Klavier in spontan wechselnden Rhythmen und unterschiedlicher Dynamik frei im Raum zu bewegen (s. o.). Wie hörbeeinträchtigte Menschen berichten, verhilft ihnen zusätzlich zum einseitig implantierten Cochlear ein angepasstes Hörgerät auf der anderen Seite zu größerem Hörgenuss. Sie berichten, dass das Hören von Musik der Höhepunkt vom Hören sei. Darin können wir uns alle, unabhängig jeglicher Beschaffenheit und Nutzungsart des auditiven Sinnes, einig sein – die individuelle, subjektive Musikwahrnehmung ist grenzenlos, unvergleichlich und unfassbar.

Hören ist die Wahrnehmung, die die stärkste Selektionsfähigkeit verlangt. Es müssen ständig überflüssige, störende oder zusätzliche akustische Informationen bewusst zurückgesetzt werden. Dennoch eignet sich Musik besonders gut, die Aufmerksamkeit auf eine – auch gemeinsame – Sache zu lenken. Die Reize, die von Musik ausgehen, wechseln ständig zwischen schon bekannten und neuen, wodurch die Konzentrationsfähigkeit erleichtert und eine Verlängerung der Ausdauer von Aufmerksamkeit erreicht wird.

Die *Instrumentenauswahl* muss für Hörbeeinträchtigte gut durchdacht sein. Es sollten vor allem Instrumente sein, die gut spürbar sind und einen charakteristischen Klang besitzen. Zur Grundausstattung gehört optimalerweise ein Klavier (Flügel) und/oder eine elektrische Orgel, deren Klang über große Lautsprecher übertragen wird. Weiterhin gut geeignet ist Kleines Schlagwerk beziehungsweise Latin Percussion. Ideal für den Gruppenunterricht ist eine große Tischtrommel, an der alle Schüler Platz finden. Trommeln und andere Fellinstrumente, die mit Händen oder Schlägeln angespielt werden, haben den Vorteil, dass der „getrommelte" Rhythmus sichtbar wird. Auch eine Ozean Drum verstärkt mit Kugeln im Trommelinneren den Höreindruck zusätzlich visuell. Melodieinstrumente erweitern das Instrumentarium wesentlich, da außer den musikalischen Komponenten das Erfassen von Melodie auch ein wichtiger Bestandteil von Spracherwerb und –verständnis ist. Bei Klangstäben und Xylophonen, Bordunleier, Monochord, Gitarre, tiefen Streichinstrumenten, Gong und Akkordeon können zusätzlich Vibrationen unmittelbar erfühlt werden. Eine Klangwiege oder eine Schlitztrommel sind wertvolle Ergänzungen, da sie zu den Instrumenten gehören, auf denen man liegend oder sitzend Musik hören (und fühlen) kann. Die Klangwiege beispielsweise kann hingestellt oder auf den Boden gelegt werden, sodass die Klänge entweder stehend, sitzend oder liegend aufgenommen werden können, wobei die Erfahrung im Liegen die intensivste darstellt. Die Schlitztrommel kann vom Hörenden gleichzeitig selbst gespielt werden. Zusätzlich bietet sich der Einsatz von Blasinstrumenten (z. B. Mundharmonika, Flöten, Saxophon) an, womit auch die für das Sprechen wichtige Atembeherrschung erlernt und geübt wird.

Einen besonderen Bezug zu Klängen bekommen die Schüler beim Herstellen von eigenen Instrumenten. *Instrumentenbau* lässt einerseits die Entstehung von Klang erleben und erfassen, intensiviert das Hören von Klangqualitäten, ist gleichzeitig Einstieg und Motivation für das eigene Musizieren und fördert die Wertschätzung von Musikinstrumenten.

Mit der Vertiefung des Hörens geht auch das Erfassen von Eigenheiten und Qualitäten von Musik einher. Während ein Großteil davon sprachlich kaum auszudrücken ist, bietet die *Musiklehre* recht klare Begrifflichkeiten als Merkmale, Erklärungen und Regeln von Musik an. Solche Teilbereiche der Musiklehre sind an sich weder Bestandteile von Musik noch Voraussetzungen zum Musizieren, so wie Sprache nicht der Schrift und der detaillierten Grammatik bedarf, um verstanden zu werden. Gleichwohl wird die Musik aus einem bestimmten Kulturkreis durch eine Musiklehre beschreibbarer, lehr- und lernbarer. Sie ist also eher ein Hilfsmittel und hat nichts mit dem Musikerleben zu tun, auch wenn uns gewisse Dinge davon so erscheinen, als ob man sie selbstverständlich im Gefühl habe, beispielsweise der Vierertakt, die einfache Kadenzbildung oder die vier- bis achttaktige Periodenbildung. Die „Selbstverständlichkeit" von Abläufen, von Ordnungen, muss gerade Hörbeeinträchtigten bewusst vermittelt werden, um in ihnen das Gefühl für musikalische und sprachliche Verläufe zu entwickeln und ihnen mehr individuelle Ausdrucksmöglichkeiten mit Körper, Stimme, Sprache und Instrument zu geben.

Musikmachen

Im *Instrumentalspiel* in der Rhythmik steht nicht Entwicklung und Ausbau musikalischer und technischer Fertigkeiten im Mittelpunkt. Es geht vielmehr um das Gestalten und den Ausdruck in der instrumentalen Einzel- und Gruppenimprovisation in Ton, Bewegung, Szene und Bild. Es zählen also beim gemeinsamen Musizieren das Gruppenerlebnis und die Reaktion aufeinander in spontanen und kreativen Aktivitäten. Instrumentale Fähigkeiten und deren Anwendung in der Gruppe rufen Gefühle wie Stolz, Selbstwert und Selbstsicherheit hervor. Damit einher geht wie von alleine das Lernen, Stimmungen in der Musik wahrzunehmen, zu unterscheiden und umzusetzen.

Neben dem Einsatz von Instrumenten ist es eine spannende Erfahrung, mit den eigenen *Körpergeräuschen und Körperklängen* zu experimentieren und neue Ausdrucksmöglichkeiten zu finden. Diese Klänge werden anders gehört, weil sie über die Knochen und Hohlräume im Körper weitergeleitet werden und die innere Resonanz direkter und intensiver ansprechen. Für die dazu gehörenden Stimmexperimente liefern die Spiel- und Bewegungsanteile im Rhythmikunterricht reichlich Gelegenheit. Anregungen und die oft nötige Motivation, Barrieren zu überwinden, kann Jugendlichen beispielsweise über das Beatboxen angeboten werden.

Der Zusammenschluss von Tonerzeugung und Bewegung, mit denen Themen und Stimmungen dargestellt werden, führt zum *Liedersingen*, das daher im Rhythmikunterricht seinen Sinn hat. Allerdings sind bei der Arbeit mit Liedern spezielle Überlegungen nötig. Ein Lied muss für hörbeeinträchtigte Schüler interessant gemacht, beispielsweise besonders abwechslungsreich gestaltet werden. Dazu gehören der Wechsel von Sprechen, Sprechgesang und Gesang, von Begleitung und Untermalung mit Instrumenten, Vor- und Nachspiele. Die Einfachheit der textlichen Inhalte und die Klarheit der Aussage ermöglicht eine Begleitung durch rhythmische Gebärdenfolgen. Es bietet sich an, die Inhalte der einzelnen Strophen auf Bildern zu erarbeiten, damit eine übersichtliche und schnelle Texterfassung gewährleistet ist. Einzelne Liedabschnitte, die weniger inhaltliche Aussage haben, werden anstatt von Gebärden in Tanzbewegungen aufgenommen, sodass ein rundes Liederlebnis entsteht.

Welche Musik?

In den Praxisanregungen in Teil II wird es immer wieder heißen „zur Musik …" oder „die Klaviermusik …" oder „das Klavier spielt…". Hier ist nun zu präzisieren, um welche Musik es sich eigentlich handelt. Sofern es um ein Instrument geht, das in der vorgegebenen Weise erklingt oder gespielt wird, ist die Lehrperson der Spieler. Grundsätzlich ist nur ein Instrument für diesen Einsatz geeignet, das von der Lehrperson spieltechnisch beherrscht wird. Da man nicht genau wissen kann, was harmonisch und melodisch von hörbeeinträchtigten Menschen wahrgenommen wird, ist die Qualität und stilistische Vielfalt der eingesetzten Musik ebenso wichtig wie im Unterricht mit gut hörenden Schülern. Ein Gong- oder Beckenschlag ist genauso bedacht und wegen des Krafteinsatzes körperlich mitgefühlt zu setzen wie die Berührung eines Menschen oder eben das Drücken einer oder mehrerer Klaviertasten. Ein Ton, ein Klang, ein kurzes oder langes Stück Musik hat immer einen Anfang und ein Ende, hat einen formalen Ablauf, hat vielleicht Pausen, hat seine eigene Dynamik. Nur so kann es eine Botschaft, eine Aufgabe vermitteln, Begleitung sein oder als Kommunikationsmittel dienen.

Spielt also der Lehrer sein *Instrument*, ist nicht Virtuosität gefragt, sondern die einfachste Melodie oder Harmoniefolge genügt, wenn sie musikalisch gut gestaltet und technisch richtig ausgeführt wird. Er wird improvisieren, um auf die Schüler einzugehen und sich ihnen jederzeit anpassen zu können oder um den Unterrichtsverlauf zielgerichtet zu steuern. Dazu gehört vor allem die Aufnahme oder die Vorgabe des richtigen Tempos, des Bewegungsrhythmus' und der passenden Dynamik. Er wählt Tonraum, Tonart und Taktart je nach Aufgabe und wechselt sie je nach Bedarf. Zudem gliedert er seine Improvisation durch Phrasierungen, Pausen etc., setzt Akzente und fügt, sofern sinnvoll, Vor- und Nachspiele ein. Er beherrscht eine vielseitige Klangerzeugung, tonale und atonale Melodiebildungen, „klassische" Harmoniebildung und freie Klanggestaltung[26] sowie freirhythmische Verläufe.

Viele Aufgaben im Rhythmikunterricht sind ohne ein Instrument nicht durchführbar. Einen adäquaten Ersatz durch *Tonträger* gibt es nicht, weil weder Tempo, noch Dauer oder Stimmung vorhersehbar oder letztlich planbar sind. Davon abgesehen ist gelegentlich der Einsatz von Lautsprechern als Hilfsmittel zur Vibrationsübertragung oder einer Musikanlage zur Vermittlung von Musikliteratur sinnvoll und vorgesehen. Rhythmisch prägnante Musik für ein Instrument ist am leichtesten zu hören, sinfonische wirkt dagegen oft sehr diffus.

Die *Musikauswahl* zum Musikhören (in Kombination mit Bewegung und Bild) hängt stark von den persönlichen Neigungen des Lehrers und vielleicht auch von den Vorlieben der Schüler ab. Grundsätzlich ist jede Musik möglich. Ein gewisser Anspruch an Qualität, musikalisch wie klanglich, dürfte aber nicht fehlen. Im Unterricht sollte Musik aller Stilrichtungen, aus unterschiedlichen zeitlichen Epochen und aus verschiedenen Kulturen zu hören sein. Durch die Arbeit mit Musik und Tanz unterschiedlicher Kulturen lassen sich zudem Möglichkeiten finden, bei den Schülern Interesse und Verständnis für andere Lebensformen zu wecken, was besonders für das Zusammenleben von Schülern verschiedener nationaler Herkunft bedeutsam ist.

3.2.3 Bild

Dem hörbeeinträchtigen Menschen verhilft in erster Linie die Orientierung mit den Augen zur Einsicht in die Umgebung und zum Überblick über ein Geschehen. Es ist deshalb sinnvoll, die visuelle Wahrnehmung und Aufmerksamkeit speziell zu schulen und zu stärken. Da sich gerade gehörlose Schüler durch Abwenden oder Schließen der Augen (und Abnehmen von Hörhilfen) dem pädagogischen Geschehen leicht entziehen können, fehlen

26 Gerade Hörbeeinträchtigte finden auch dissonante Klänge besonders reizvoll und gut wahrnehmbar

ihnen oft wichtige Anreize oder Informationen für eigene Aktivitäten. Informationen in allen Schulfächern lassen sich durch *Zeichnungen* verdeutlichen oder ersetzen und entlasten das anstrengende Hören. Da der Einsatz von symbolischen Zeichen besonders im Bereich Musik und Bewegung nahe liegt und aus der Bewegung des Zeichnens heraus unmittelbar verständlich ist, wirkt der damit verbundene Rhythmikunterricht trotz hoher Intensität auf die Schüler entspannend und lockernd.

Die Teilhabe aller Menschen am Leben in der Gesellschaft ist auch im Bereich des Erlebens und Gestaltens von bildender Kunst durch eine „Behinderung" in keiner Weise beeinträchtigt. Wie bei der Musik sind in Bezug auf die bildenden Künste die Intensität und der Ausdruck des Erlebens, also auch die Interpretation, sehr individuell. Gerade hier spielt unterschiedliches Hören überhaupt keine Rolle und somit liegt darin eine besondere Chance zur Befassung mit den Künsten und zum Erkenntnisgewinn, dass sowohl Hören wie auch Sehen individuell ist. Aus diesen Gründen ist der Bildenden Kunst in Teil II (Praxis) auch ein eigenes Kapitel gewidmet.

Eine Begegnung mit *bildnerischen Kunstwerken* findet in der Rhythmik durch den Einsatz von Bildern, Skulpturen und Gestaltungsmaterialien in Verbindung mit Musik und Bewegung statt. Musik und Bewegung bereiten den Zugang zum Kunstwerk. In der Folge bilden die Auseinandersetzung mit dem Werk und dem eigenem Körper sowie der Bezug zur Musik ein Ganzes. Im gestalterischen Prozess setzten sich die Schüler aktiv und individuell mit einem Material auseinander, sodass das visuelle Erleben durch die Beteiligung aller Sinne gesteigert und gefördert wird. Verschiedene kreative Darstellungs- und Ausdrucksfähigkeiten werden durch die Benutzung unterschiedlicher Materialien für ein eigenes Kunst-Werk entfaltet und gefördert. Besonders im Bezug auf den Raum werden kreative Problemlösungen angeregt, die für Entscheidungen punkto Anordnung, Aufbau, Form, Konstruktion und Farbe eines Werkes wichtig sind. Diese räumlichen Faktoren korrespondieren wiederum mit Elementen, die in der Musik und in der Bewegung eine wichtige Rolle spielen.

Bilder und andere Kunstwerke können Anregung und Handlungsauslöser für eine Bewegungs- und Instrumentalimprovisation sein. Sie leiten zum Üben und Verfeinern von Körperbewegungen und des Musizierens an. Andersherum kann bildnerisches Gestalten auch eine Nachbereitung oder Weiterführung einer Improvisation sein, um so eine Vertiefung und Festigung des in der Bewegung oder Musik erlebten herzustellen. Bild oder Skulptur kann die für jedermann schwierige Verbalisierung von Erlebtem ersetzen. Im Bild, in der Wahl von Farben und Objekten werden verbale Kommunikationsschwierigkeiten aufgehoben und die Fähigkeit zur Empathie wird auf einem anderen Weg angeregt.

Gut vorbereitetes *Malen* (z. B. durch Bewegung vorbereitet) und gleichzeitiges Hören von gut gewählter Musik kann eine Vertiefung des Musikerlebens bedeuten. Die Hörbereitschaft und Ausdauer der Schüler steigert sich. Es ist interessant, wenn ein bereits gemalter Höreindruck sich wiederholt oder in leicht abgeänderter Form erneut erscheint. Das Gespür für Raumaufteilung sowie Formen, Farben und Proportionen kann sich verbessern. Die Motorik verfeinert sich und Verkrampfungen können sich lösen (z. B. im Handgelenk oder im Schulterbereich). Nicht zuletzt kann Malen und Zeichnen als Hilfsmittel für den Lehrer zur Überprüfung von Höreindrücken der Schüler dienen. Malen ist genauso wie Bewegung eine Form des persönlichen Ausdrucks, es ist sichtbar festgehaltene Bewegung.

Voraussetzung für bildnerisch kreatives Verhalten sind vorangegangene Wahrnehmungen von Kunst und damit Wissen über Kunst, technisches Üben und Können, sowie sich ausdrücken Wollen.[27] Wie für alle Künste gilt, je mehr selbst ausprobiert und experimentiert wurde, umso eher kann neues, individuelles und im Idealfall wirklich künstlerisches Gestalten wachsen.

Durch das *Experimentieren und Konstruieren* mit verschiedenen Materialien und Objekten erfahren die Schüler etwas über Beschaffenheiten, Formen und physikalische bedingte Phänomene, zum Beispiel das Gleichgewicht. Sie entwickeln Gestaltungsmöglichkeiten in Verbindung mit Musik oder Bewegung. Ob alleine oder in Gruppen, nicht das „schöne" Ergebnis sondern der gestalterische Prozess ist Schwerpunkt. Die Möglichkeit, die Ergebnisse am Ende zu betrachten, muss auf jeden Fall eingeplant und wenn nötig angeleitet werden. Die Freude an eigenen und gemeinsamen Lösungen, die Akzeptanz anderer sowie deren Ideen und Vorschläge bekommen im Bild einen besonderen Stellenwert, weil das Ergebnis am Ende überdauert und nicht wie Musik und Bewegung „verfliegt". Das Auge hat die Möglichkeit, hier oder da so lange zu verweilen, wie es möchte. Vielleicht ist es das, die Ruhe und das Unangestrengte, was Hörbeeinträchtigte an der bildenden Kunst besonders genießen und ihnen mehr Zeit lässt für die Umsetzung in Bewegung als die Musik.

27 Es gibt beispielsweise Menschen (auch Kinder!), die – aus welchen Gründen auch immer – nicht malen mögen. Bauen oder Arrangieren von Objekten fällt leichter.

Welches Bild?
Wie bei der Musikauswahl gilt hier: Richtig ist das *Bild*, was gefällt und einen gewissen Anspruch an die künstlerische Qualität erfüllt. Kein (Ab-) Bild kann die direkte Betrachtung eines Kunstwerkes im Museum ersetzen, aber je besser die Reproduktion (Format und Farben!), umso unmittelbarer wird die Ansprache und umso mehr eröffnet sich für den Betrachter die Aussage. Meist korrespondieren Bilder mit abstrakten Inhalten leichter mit Musik und Bewegung als reale Abbildungen und Interpretationen von Realitäten, weil sie keinen zusätzlichen Abstraktionsvorgang verlangen. Der Betrachter kann sie, wie der Musikhörer, ohne die Hilfe einer Geschichte verstehen und umsetzen oder interpretieren. Zusätzlich lassen sich in abstrakten Bildern formale Elemente leichter direkt mit räumlichen oder musikalischen Elementen in Verbindung bringen (z. B. oben – unten, Wiederholung und Verdichtung). Aber auch Bilder, auf denen etwas passiert, können zur Bewegung und zum Musizieren anregen. Schwieriger wird es mit Stillleben und Portraits, die ein umfassenderes Erleben und Stilbewusstsein und ein größeres Repertoire an Bewegungsideen und Musikerfahrung voraussetzen. Sie eignen sich besser für fortgeschrittene Jugendliche.

Als Vorbereitung und Ergänzung von Bildinterpretationen in Musik und Bewegung sind *Statuen und Skulpturen* besonders geeignet, weil sie durch den Betrachter in Bewegung gebracht werden können, indem er sie dreht oder darum herum geht. Eventuell kann auch ihr Material selbst zum Klingen gebracht werden. Noch mehr kann *Architektur* in die Bewegung hineingenommen werden, weil man sie nicht nur betrachten, sondern sich darin sogar bewegen, Raum erfahren und „anklopfen“ kann. Gebaute Formen entsprechen Merkmalen von Musik und Bewegung (z. B. wiederholte Muster, Arkaden, steigende und fallende Linien).

Die Wahl von *Mal- und Zeichenmaterial* geschieht in Verbindung zur Bewegung. Je leichter aus der Bewegung direkt zum Zeichnen oder umgekehrt vom Zeichnen in die Bewegung übergegangen werden kann, umso unmittelbarer und aussagekräftiger kann die Umsetzung gelingen. Das verlangt großflächige Unterlagen und leicht ansprechendes Material: Breite Wandtafeln ab Boden bis über zwei Meter Höhe, große (auf Wand oder Boden geheftete) Papierbögen, Tapetenrollen, Tafelkreide, Fingerfarben, Wachsmalfarben, Pinselfarben. Damit kann man Musik exakt gleichzeitig hören und aufzeichnen, aber beispielsweise auch neue Bewegungsabläufe entdecken.

Beim *Bauen* achtet die Lehrperson anfangs darauf, dass die Anzahl der vorgegebenen Gegenstände ungerade ist, die Farbgebung des Materials auf wenige und zueinander passende Farben reduziert ist, was die Platzierung erleichtert, und dass soviel Material vorliegt, wie es ein Kind verkraften kann. Das hat den Vorteil, dass eher ungewöhnliche Formen gefunden werden, dass auch nach missglückten Gestaltungsversuchen durch die Anzahl der Einzelteile und die Stimmigkeit der Farben ein anschauliches Ergebnis möglich ist und auch ein neuerlicher Gestaltungsversuch das Kind in seiner Ausdauer nicht überfordert. Vom anfänglichen Hantieren des Kindes mit Materialien findet es über das Arrangieren und Verzieren zum gestalterischen Komponieren und Konstruieren. Dabei werden das visuelle Gedächtnis und die kinästhetische Fertigkeit geschult sowie gleichzeitig die Konzentrationsdauer allmählich verlängert. Es empfiehlt sich, bei den in Unterricht und Spiel eingesetzten Materialien Farben zu wählen, die sich immer wiederholen, z. B. rote, blau, gelbe, grüne Reifen, Kugeln und Tücher oder/und naturfarbene Stühle, Schlaghölzchen, Stäbchen und Bausteine. So kann jederzeit vom Spiel in ein bildnerisches Gestalten mit denselben Gegenständen übergeleitet werden.

3.3 Persönlichkeit und Gemeinschaft

Eine Gemeinschaft kann nur dann ein wahre Gemeinschaft sein, wenn die einzelnen Mitglieder ihre eigenen Persönlichkeiten gewonnen haben und auch behalten wollen. Das heißt, dass jeder einzelne seinen *Selbstand* gefunden haben muss, um an der Gesellschaft teilhaben und teilnehmen zu können. Das geht über Integration hinaus, die den Zusammenschluss gesellschaftlicher Teilsysteme, Anpassung und Toleranz eingeschlossen, beschreibt. Das ist Inklusion und bedeutet Teilhabe und Teilnahme, Einbezogensein und Einbringen der eigenen Ressourcen. Die Gemeinschaft in dieser Form besteht aus lauter Ungleichen. Wenn Martin Buber sagt, „Ich werde am Du“[28], meint er auch, dass wir nicht ohne den anderen oder die anderen Menschen unsere eigene Persönlichkeit entwickeln können. Selbstwahrnehmung hat den gleichen Stellenwert wie die Fremdwahrnehmung. Dazu gehört, sich selbst einschätzen und beurteilen zu können, sowie konstruktive Kritik äußern und annehmen zu können. Das und viel mehr macht den einzelnen Menschen in seiner Einzigartigkeit aus. Es ist der Mensch, der seinen eigenen Ausdruck findet und bereit ist, den Ausdruck des anderen wahrzunehmen, der im Kleinen und Großen verantwortungsvoll für sich – und vor sich selbst – und die Gemeinschaft Entschei-

28 M. Buber: Ich und Du, Leipzig 1923

dungen treffen kann. Das ist unter Selbstand zu verstehen. Auf dem Wege dahin haben wir deshalb in Teil II die Praxisanregungen eingeteilt in „Ich und die Gruppe“, „Ich und Du“ und „Wir sind eine Gruppe“.

Die eben angerissene Sicht von Gesellschaft erklärt, dass es die „Rhythmik mit Hörbeeinträchtigten“ eigentlich nicht geben kann. Und tatsächlich gibt es sie nicht, weil es keine Rolle spielt, ob keiner, einer, mehrere oder alle der Teilnehmenden hörbeeinträchtigt sind. Rhythmikunterricht findet in einer *Gruppe* statt und darum wird der soziale Bereich immer zu beachten sein. In diesem Unterricht muss sich der Schüler ständig mit sich und seinen Mitschülern auseinander setzten. Die Aufmerksamkeit wird gemeinsam auf ein Thema gelenkt. Weil sich Schüler oft nicht gerne direkt anfassen, kann über ein gemeinsam festgehaltenes Gerät eine Brücke zum Du ermöglicht werden, wodurch auch meist die Konzentrationsspanne und Ausdauer verlängert wird. Die Schüler können sich durch die offene Unterrichtssituation gegenseitig bereichern und sich in das Gruppengeschehen einbringen. Sie können sich als Teil einer Gemeinschaft erleben und ein Gemeinschaftsgefühl entwickeln.

Durch das freie Experimentieren im Rhythmikunterricht kann der Schüler sich, seinen Körper und den Umgang mit anderen Menschen ohne Druck ausprobieren. Da er nicht ständig korrigiert wird, kann er Freude an seinen eigenen Handlungen, am musikalischen Agieren und Interagieren sowie am bewegten Spiel entwickeln. Er setzt sich selbst das Ziel durch das, was er mit einem Spielgerät oder seinem Körper machen will. Seine Eigeninitiative ist gefordert, weil er selbst entscheidet, ob er die Gelegenheit durch die Aufgabenstellung zum Spielen, Ausprobieren und Erkunden oder zum Üben nutzen möchte, ob er den Freiraum in der Gruppe zum Mitziehen oder zum Sich-Einbringen mit eigenem Tempo und Ausdruck nutzen oder ob er lieber seine individuellen Ideen vorstellen möchte. Die soziale Situation kann immer wechseln zwischen den Anforderungen sich einzuordnen, sich über- oder unterzuordnen. Wenn dieser ständige *Rollenwechsel*, der in jeder Gemeinschaft gefordert ist, nicht gerade durch die Aufgabenstellung vorgegeben ist, geschieht er oft durch die Freude am gemeinsamen Tun unbemerkt. Wir neigen alle gerne zu einer bestimmten Rolle im familiären, schulischen oder beruflichen Leben. Defizite in der Eigenwahrnehmung und -reflexion begünstigen solche Charaktereigenschaften. Deswegen muss man die Schüler alle Rollen erleben und üben lassen. Mit Einordnen ist ein einvernehmliches Miteinander gemeint, das Überordnen betrifft eine Person, die richtungweisend ist und das Unterordnen schließt das Verstehen der Handlung und Vertrauen in die übergeordnete Person ein. Alle drei Rollen sind wichtig im täglichen Leben und sind gleichermaßen verantwortungsvolle Aufgaben.

Gemeinsam etwas zu erschaffen oder ein Problem zu lösen, bringt *Vertrauen* in sich und in andere. Ein Geschehen in einer angenehmen Atmosphäre (aufgeräumter Raum, Musik, etc.) und respektvoller Umgang miteinander vermitteln einen bleibenden, positiven Eindruck von sich selbst als Teil einer Gruppe. Gelungene und weniger gelungene Aktivitäten, erfüllte und nicht erfüllte Ansprüche können von jedem alleine reflektiert und durch anderes Verhalten verändert werden. Für Jugendliche ist manchmal je nach Gruppensituation, eine gemeinsame verbale Reflexion über ein gestalterisches Ergebnis oder einen Stundenverlauf zur Aufarbeitung oder Vertiefung eines Themas angebracht, vorausgesetzt es besteht schon eine gewisse Gesprächskultur.

Die Steigerung der beschriebenen *sozialen Kompetenzen* gehört eigentlich zu den außermusikalisch verfolgten Zielen im Rhythmikunterricht. Wie weit der Transfer außerhalb des Rhythmikraumes gelingt, ist unvorhersehbar, aber erhofft. Gerade hier wird sich erst in der Abstimmung der Ziele innerhalb eines Lehrerteams und in der Ausnutzung der fächerübergreifenden Schulungsmöglichkeiten zeigen, ob ein Konzept greift. Reduziert auf die Rhythmik und den Musikunterricht werden, durch die Erlangung musikalischer und bewegungsmäßiger Kompetenzen gleichzeitig, allgemeine Fähigkeiten in den Bereichen Wahrnehmung, kommunikative Interaktion und Ausdruck erworben. Zunächst rein musikalisch entwickelte Fähigkeiten werden zum Beispiel in das instrumentale Gruppenspiel eingebracht, wo sie weiter geübt und gleichzeitig (u. a.) das Reagieren aufeinander erlernt wird. Beispielsweise probieren die Schüler beim gemeinsamen Spiel an der Tischtrommel verschiedene Spieltechniken aus. Allein durch das Vorzeigen und Wiedergeben der einzelnen Spielideen wird das Zuhören, Einfühlungsvermögen und Akzeptieren gemeinsam geübt. Da entspinnen sich sowohl kreativ gestalterische als auch soziale Prozesse. In der Zusammenführung der Spielideen in einer Gruppenimprovisation wird die eigenständige Gestaltung gemeinsam in Form gebracht. Die Entscheidung für Aktionen und für eine emotionale Beteiligung sowie die damit verbundenen Aktionen und Reaktionen der Mitschüler lassen im Schüler Selbsteinschätzung und Selbstvertrauen anwachsen. Die Identitätsfindung und die Entwicklung zur Persönlichkeit, zum Selbstand, gedeihen ein Stück weiter.

3.4 Begriffsbildung und Sprache

Schüler mit Hörbeeinträchtigungen brauchen besonders in diesen Bereichen Unterstützung, weil ihnen oft die selbständige Erkundung und Aneignung von Begriffen und Begrifflichkeiten nicht möglich ist oder weil erst die angeleitete Befassung damit ein weitreichendes Verstehen anbahnt. Der Erwerb von Begriffen ohne damit verbundene Sinneswahrnehmung und Handeln bleibt immer rudimentär (auch für Hörende!). Selbst sogenannt abstrakte Begriffe werden letztlich wahrscheinlich nur durch Verknüpfungen mit Sinneswahrnehmungen erfasst.[29] Generell ist die Bildung musikalischer Begriffe Voraussetzung zum Musizieren und zur Erweiterung des Musikverstehens. *Sprache als Dichtung* ist eine weitere Kunst, die mit Musik und Bewegung in Verbindung steht und damit möglicherweise als Unterrichtsgegenstand dient. Wir lassen hier und in Teil II den Weg zur Dichtkunst außer Acht, weil sie wegen der individuellen Besonderheiten beim Spracherwerb und den Unterschieden im schulischen Sprach- sowie im Deutschunterricht nur eine Einbeziehung in den Rhythmikunterricht in Kooperation oder detaillierter Abstimmung mit dem Lehrerteam machbar und sinnvoll ist.

Begriffsbildung

In dem Bereich Begriffsbildung geht die Rhythmik methodisch nach dem Prinzip „*Erleben – Erkennen – Benennen*" vor, vom Greifen zum Begreifen. Durch vielseitiges körperliches und musikalisches Handeln bekommt der Schüler Gelegenheit, Sachverhalte zu entdecken, zu vergleichen, Schlüsse zu ziehen und sein Tun danach zu richten. Vergleichen, Ungleiches und Gleiches erkennen, kann der Schüler nur, wenn mindestens zwei gegensätzliche Situationen durch die Aufgabenstellung mehrmals entstanden sind oder wenn er mit vorgegebener Zielsetzung etwas erkunden konnte. Deshalb finden sich in Teil II (Praxis) Begriffspaare, die immer mehr verfeinert und ausgeweitet werden können. Kommt anschließend ein sprachlicher Begriff dazu, ist der zu erlernende Gegenstand längst verstanden und die Vertiefung für den Umgang und den Ausdruck (mehr körperlich und musikalisch als sprachlich) kann beginnen. Dieses Vorgehen entspricht dem offenen, handlungsorientierten, erfahrungsbezogenen und differenzierenden Unterricht.[30]

---

29 vgl. Forschungen M. Kiefer, Universität Ulm

30 mehr dazu vgl. Ring/Steinmann, 1997

Manchmal ist die Erfahrung und das Erkennen eines Begriffes über den Körper sehr viel leichter und eindrücklicher als eine komplizierte verbale Erklärung (beispielsweise „waagerecht – senkrecht"). Oft, insbesondere für den Ausdruck in Musik oder Bewegung, ist das Umgehen damit wichtiger als die Benennung (das Wort oder die Gebärde) des Begriffes selbst. Es geht beispielsweise nicht darum zu wissen, was laut oder leise ist, sondern darum, mit dem eigenen Körper laut und leise sein zu können oder auch die Lautstärke lautlos darstellen zu können. Durch Bewegungsgestaltung und durch das Spielen am Instrument lernen die Schüler laut und leise mit allen Abstufungen auszuführen. Dazu muss der Körpereinsatz im richtigen Moment angemessen dosiert werden können.

In der Aufgabenstellung kann ganz individuell auf die Bedürfnisse jedes Schülers eingegangen werden. Jeder kann sich in einer anderen Phase des Weges „Erleben – Erkennen – Benennen" befinden und erlebt sich in der Gruppe und der Aufgabenstellung als vollwertiges Mitglied. Es ist im Stadium des Benennens jederzeit möglich, weitere Erkenntnisse zu machen. Einige Schüler in der Gruppe erreichen schneller den Wechsel vom Erleben zum Erkennen, andere wiederum gelangen nicht bis zum sprachlichen Begriff und haben ihn trotzdem im Körper.

Sprache

Die Formen von Sprache sind so unterschiedlich, dass der Pädagoge, der mit hörbeeinträchtigten Menschen arbeitet, sehr genau wissen und im Team entscheiden muss, welche Aspekte und *Zielsetzungen* verfolgt werden sollen. Welche Sprachformen werden verwendet oder sollen geschult werden? Das Sprechen, die gehörte Sprache, die durch Gebärden unterstützt gehörte Sprache, die Gebärdensprache, die geschriebene oder gelesene Sprache, die Mutter- oder Fremdsprache?

Will die Lehrperson in der Rhythmik überhaupt Rhythmen mit Sprache verbinden oder umgekehrt, Sprache rhythmisch gestalten (oder eventuell auch mit Schreib- und Notenschrift in Verbindung bringen), so muss sie sich zusätzlich entscheiden, ob sie Musikunterricht und damit in erster Linie musikalische Zielsetzungen im Sinne hat oder ob sie den Rhythmus zur Verbesserung von Sprache einsetzen will.

Sicher steht im Rhythmikunterricht nicht das Üben von Worten und Sätzen im Vordergrund, sondern die Stimme wird experimentell als Ausdruckmittel und mit Freude am Spiel eingesetzt. Möglichst viele Übungen werden von der Lehrperson spontan mit *Lautäußerungen* und elementarer

Sprache verbunden. Zum Beispiel wird das Aufspringen eines hingeworfenen Balles durch Laute exakt zeitgleich in abnehmender Dynamik und schneller werdendem Tempo begleitet und somit der Eindruck verstärkt. Entweder ist diese Begleitung eine rhythmisierte Lautäußerung oder improvisierter Gesang. Zusätzlich kann das Sprachverständnis und das aktive Vokabular der Kinder ausgenutzt und integriert werden.

Auch werden in der Rhythmik verschiedene Bedingungen, die für Sprache wichtig sind, geübt: Atembeherrschung, Mundmotorik, der Körper als Resonanzkörper, Personengerichtetheit. Durch Förderung von Konzentration und Ausdauer bei visuellen Wahrnehmungsübungen wird das Ablesen von den Lippen unterstützt, durch das Musikhören wird das Spektrum des Hörbereichs erweitert, etc.

Die *Lautsprache* selbst wird gefördert, weil Lautsprache in Tempo, Tonlage und Dynamik variiert, was den Elementen von Musik und Bewegung (und deren geläufigen Begriffen) Zeit, Raum und Kraft entspricht. Sind diese drei Elemente in sich und in ihrem Verhältnis untereinander stimmig, ergibt sich ein geschlossenes, harmonisches Ganzes, eine Form. In der Sprache entspricht das etwa einem Satz oder Reim, in der Musik einem Stück, in der Bewegung einem Bewegungsablauf. Ein in der Bewegung vielfältig erlebtes Wort oder Satzgebilde, das einen prägnanten Rhythmus hat und durch betonte und unbetonte Silben geordnet ist, lässt sich im Anschluss leichter aussprechen als ein vorgesagtes oder gelesenes.

3.5 Musikalisch-szenisches Spiel

Das musikalisch-szenische Spiel ist eigentlich eher ein Randbereich der Rhythmik. Je nach Teilnehmer und deren Bedürfnissen kann es aber eine zentrale Rolle spielen, weil darin die verschiedenen Aspekte der rhythmisch-musikalischen Erziehung zum *Gruppenerlebnis* vereint werden können. Hierin ist auch eine wunderbare Möglichkeit zur Verwirklichung des Inklusionsanspruchs gegeben. Schüler unterschiedlicher Altersstufen und aus verschiedenen Schulformen können für eine Aufführung zusammen kommen, weil es im gemeinsamen Spiel keine leistungsbezogenen oder sozialen Barrieren gibt. Wenn dabei möglicherweise unterschiedliche Kommunikationsformen aufeinander treffen, sollte vor der gemeinsamen Arbeit der Inhalt eines szenischen Spiels in der für die Teilgruppe jeweils gewohnten Form vermittelt werden. Wird im Idealfall gemeinsam in die Thematik eingestiegen, sind Bilder ein unerlässliches Hilfsmittel. Musikalisch und in Bewegung können alle voneinander lernen und je nach Vorlieben und individuellen Stärken kann jeder jede Rolle übernehmen. Zumindest in der Erarbeitungsphase muss jedem die Möglichkeit geboten werden, sich in allen Rollen auszuprobieren. Nicht zuletzt dadurch wird die Achtung vor der Leistung der Mitschüler erhöht und die Bedeutung des eigenen Beitrages gestärkt. Sprachlich sind alle Varianten und Kombinationen möglich: Sprache mit und ohne unterstützende Gebärden, Paarbildungen oder Rollenaufteilung von sprechenden mit nichtsprechenden Schülern, verbale und nonverbale Passagen, lautmalerische und verbale Äußerungen, Einrichtung einer spielbegleitenden oder kommentierenden Erzählerrolle, der mittendrin oder vom Bühnenrand aus die Gebärden in Lautsprache überträgt oder umgekehrt.

Um den anderen Bereichen und *Zielsetzungen* der Rhythmik (Eigeninitiative, Improvisation in Musik und Bewegung, Experimentieren etc.) nicht entgegen zu wirken, entwickelt sich ein Stück erst nach und nach im gemeinsamen Spiel. Die Handlung kann sich beispielsweise an einem Unterrichtsinhalt, einem bekannten Buch, Märchen oder Filminhalt orientieren. Oder es wird gemeinsam ein Thema festgelegt und dazu werden die verschiedenen Inhalte gemeinsam gesucht. Geeignet sind auch Themen, die viel Stoff bieten, wie beispielsweise Wasser, Zauberei und Hexerei, Tiere im Urwald, Kulturen und Bräuche, ebenso alle aktuellen Themen, die die Schüler beschäftigen. Auch ein einfacher Leitgedanke, z. B. „Gemeinsam sind wir stark" kann Ausgangsimpuls sein. Nach der Themen- oder Schwerpunktfindung werden verschiedene Situationen nacheinander ausprobiert. Nach und nach nimmt jede Rolle für sich Gestalt an, die Handlungsabläufe festigen sich und eine ganze Geschichte entsteht. Dem Schüler wird Zeit gegeben wahrzunehmen, wie seine gewählte Rolle Teil eines Ganzen wird. In den Wiederholungen beim Einstudieren wird ihm Spielraum für neue Ideen gelassen, sodass sich auch mit der Zeit die Interaktion zwischen den Spielern freier entfalten wird.

Um für Schüler und Lehrperson den Überblick über das Geschehen zu erhalten und um sie von den (unabhängig vom Hörvermögen) verlaufshemmenden verbalen Verständigungen zu entlasten, werden weitere *Bilder und Piktogramme* selbst gemalt oder hinzugezogen. In die gewünschte Reihenfolge gebracht geben diese in strukturierter Form den Ablauf des Stückes wieder und stehen den Schülern wie eine Partitur jederzeit zur zeitlichen und räumlichen Orientierung zur Verfügung.

Im musikalisch-szenischen Spiel wird alles, was Stimmungen betrifft, die über die Bewegung dargestellt und ausgedrückt werden, zusätzlich durch ausgewählte *Musikstücke oder eine festgelegte Instrumentalimprovisation* unterstützt. Zwei Wege der Erarbeitung sind möglich. Einmal wird zuerst eine Szene erarbeitet und soweit festgelegt, dass sie wiederholbar wird. Anschließend wird eine passende Musik gesucht oder eine musikalische Improvisation entwickelt und anhand dieser Musik wird die Szene noch einmal überarbeitet. Die ordnenden Elemente der Musik (Perioden, Sätze, Pausen etc.) helfen bei der Festlegung einer Choreographie. Ein andermal steht ein Musikstück am Anfang der Arbeit und bestimmt in etwa die Bewegungselemente. Das Stück wird untersucht auf Zeit, Raum, Kraft und Form. Folgende Fragen können beispielsweise dabei weiter helfen: Gibt die Musik schnelle oder eher langsame Bewegungen vor, sind es raumgreifende Bewegungen oder kann man sich dazu vielleicht auf der Stelle bewegen, sind es starke, kraftvolle Bewegungen oder möglicherweise leichte, fließende Bewegungen, wann wechseln die Bewegungen? Sind die Bewegungen oder die Szenen gefunden, wird an der Vervollständigung bis zum einheitlichen Ganzen gearbeitet. Die Ergebnisse beider Wege unterscheiden sich im Grunde nicht für den Zuschauer und er erlebt in beiden Fällen die Aktionen und Stimmungen im Gleichklang von Bewegung und Musik.

Für Jugendliche, die vielleicht Schwierigkeiten in der Darstellung mit ihrem eigenen Körper haben, bieten sich vielfältige und anspruchsvolle Alternativen im *Schwarzlichttheater*. Manchmal genügt aber auch schon eine Verkleidung, um einen Abstand zu sich selbst herzustellen. Alle Darsteller sind im Laufe der Erarbeitung eines Stückes früh an der Auswahl oder Gestaltung der Kostüme beteiligt und an das Tragen von *Verkleidungen* gewöhnt. Durch das Tragen eines Kostüms kann sich Körperhaltung und Körpersprache verändern. Eventuell müssen neue Bewegungsmuster gesucht und der Rolle noch einmal angepasst werden oder es ergeben sich durch das veränderte Gefühl der Darsteller von alleine Überraschungen und Veränderungen im Spielgeschehen. Wird gebärdet, wird vielleicht durch ein Kostüm das Gebärden erschwert und muss neu geprobt werden.

Wurde im Vorfeld in mehreren, beispielsweise nach Klassen oder Geschlecht getrennten, Gruppen gearbeitet, ist eine Zusammenführung für einen gemeinsamen Auftritt problemlos, wenn jede Gruppe mit einem Teilbereich in der Vorbereitung fortgeschritten ist oder wenn abwechselnd mit allen und in Teilgruppen vorbereitet und geprobt wurde.

Ebenso sind die Schüler möglichst frühzeitig an andere *Räumlichkeiten* oder eine Bühnensituation zu gewöhnen, falls die Aufführung außerhalb des gewohnten Spielraumes geplant ist. Besonders bei Aufführungen ist die

Gruppe auf die Unterstützung von Mitschülern und weiteren Lehrpersonen oder Familienangehörigen angewiesen. Der Raum muss vorbereitet werden, für hörbeeinträchtigte Schüler muss die musikalische Begleitung wahrnehmbar sein und eventuell über große Lautsprecherboxen auf den Boden oder über die Holzbühne übertragen werden. Die Tontechnik, möglicherweise die Mikrophontechnik und die Lichttechnik müssen bedient werden. Helfende Hände in den Umbauphasen und beim Kostümwechsel werden gebraucht.

Die *Aufführungen vor Publikum* erfüllen einen wichtigen pädagogischen Zweck. Das Arbeiten auf ein Ziel hin gibt vor allem Jugendlichen einen für das Durchhalten und die Ernsthaftigkeit beim Ergebnis entscheidenden Motivationsschub. Die intensiven Gefühle vor, während und nach der Aufführung sind wichtige Schritte bei der Steigerung des Selbstwertgefühls. Die Begeisterung der Zuschauer und ihr Applaus bestätigen die Leistungen der Schüler und erwecken Stolz. Die Identifizierung mit dem Stück und der Gruppe heben die individuellen Stärken hervor und lassen die Schwächen in den Hintergrund treten. Ein nachhaltiges Dazugehörigkeitsgefühl stellt sich ein und hat positive Folgen auch über den Bühnenrand hinaus.

3.6 Tanz

Tanzen ist ein spezielles Gestalten mit Bewegung (s. o.). Ohne sich in eine begriffliche Abgrenzung verlieren zu wollen, ist hier der Tanz gemeint, der einen festen und in weiten Teilen wiederholbaren Ablauf (überliefert oder selbst festgelegt) mit meist mehrmals ähnlich wiederholten Schrittfolgen und Raumformen enthält. Er wird in einer Gruppe zu bestimmten Rhythmen oder/und zu einem bestimmten Musikstück getanzt. Dazu gehören Folklore- oder Volkstänze, historische Tänze oder Formationen zu Pop und Rock. Ob dieser Teilbereich originär zur Rhythmik gehört, hängt wohl weniger von den Tänzen an sich ab als von der Intention und dem Stellenwert, die ihnen von der Lehrperson beigemessen werden.

Beim Tanzen mehr oder weniger festgelegter Tänze wird nicht nur die Bewegungsgestaltung angeregt und die Gemeinschaft gefördert, sondern die Gedächtnisleistung wird besonders gefordert und somit auch gefördert. Es geht dabei nicht um ein stures Einüben und Auswendiglernen eines beliebigen Tanzes, nur weil er gefällt. Ausschlaggebend für die Auswahl eines Tanzes, aber auch für die methodische Vorgehensweise, muss die *Zielsetzung innerhalb des Unterrichts* bleiben. Dabei darf nicht vergessen werden, dass Tanzen eigentlich ein Ausdruck der Freude ist und ein angenehmes Gefühl im Aufgehobensein in der Gemeinschaft vermittelt, obwohl diese Qualitäten eher beim spontanen, unterrichtsfernen Tanzen zum Tragen kommen können. Das bedeutet für die Lehrperson, dass sie die Unterrichtssituation – genauso wie im Rhythmikunterricht – so zu gestalten hat, dass jeder Schüler seinen Möglichkeiten und Bedürfnissen entsprechend mitlernen und Freude am eigenen Aktivsein und dem Erfolg haben kann. Die endgültige Wahl der Schritte, Schrittkombinationen, Handfassungen und Raumformen ist abhängig von den Fähigkeiten der *ganzen* Gruppe, d. h. erst wenn alle eine einfache Bewegungsfolge eines Gruppentanzes freudig tanzen können, kann eine kleine Variante oder Erschwerung eingeführt werden. Ausnahmen davon sind möglich, wenn Soloeinlagen passend eingefügt werden können.

Gelegentlich ist es sinnvoll, die Tanzmusik oder die zu vertanzende Musik mit den Schülern gemeinsam auszuwählen, um die Vorlieben der Schüler für eine Musikart zu berücksichtigen und gleichzeitig damit die Motivation zum Mitmachen zu erhöhen. Die Erarbeitung ganz eigener Choreographien kann durch gesehene Shows inspiriert werden, allerdings nur dann, wenn sie der Entwicklung von eigenen Bewegungs- und Formationsideen nicht im Wege stehen. Eine Schulaufführung oder die Erstellung eines Videoclips[31] ist dann die Krönung einer Tanzeinheit.

3.7 Rhythmik mit Menschen mit erhöhtem Förderbedarf

Das *Menschenbild*, das der Rhythmik zu Grunde liegt, kennt keine Grenzen durch Art und Schwere einer Behinderung eines Menschen. Der Rhythmiklehrer sucht nach allen Fähigkeiten seiner Schüler, die pädagogisch förderbar und entwickelbar sind. Der Rhythmikunterricht mit der Zielgruppe der Menschen mit Behinderung ändert sich gegenüber dem mit Nichtbehinderten an sich nicht, nur die Schwerpunkte können sich verschieben und die Aufgabenstellung und deren Lösungen fallen individueller aus. Genauere Vorabüberlegungen sind in Bezug auf die Gruppenzusammensetzung nötig. Wenn möglich kann zuerst Einzelunterricht stattfinden, um individuell auf die Bedürfnisse eines einzelnen Kindes eingehen zu können. Dazu gehört auch besonders, einen Zugang zum Schallempfinden anzubahnen. Die nächste Stufe sind Kleingruppen, die nach ähnlichen oder sich ergänzenden Bedürfnissen oder nach einheitlicher Zielsetzung zusammen-

31 z. B. mit einem Videobearbeitungsprogramm.

gesetzt werden. Es ist auch möglich, einzelne mehrfachbehinderte Schüler in eine größere Gruppe aufzunehmen, in der stärkere Schüler überwiegen, sodass schwächere Schüler mühelos „mitlaufen“ können und nach ihrem Leistungsstand die Aufgaben ausführen können.

Kommunikation und Interaktion sind in der Arbeit mit Menschen mit Mehrfachbehinderung Schwerpunktthemen. Durch die nonverbale Arbeit im Rhythmikunterricht ist es nicht wichtig, ob ein Schüler über Lautsprache oder Gebärden verfügt. Die Kommunikation findet über Musik und Bewegung statt. Die Aufgabenstellungen werden häufig über die Bewegung erschlossen. Entweder sind dies vom Schüler selbst getätigte Bewegungen oder der Lehrer bewegt das Kind, mit oder ohne Gerät und mit oder ohne instrumentale oder stimmliche Begleitung.

Eine Kommunikation mit einer Schülergruppe über die Bewegung kann vielleicht so verlaufen: Nach dem üblichen rhythmisch und emotionalen Einschwingen, z. B. einem Begrüßungsritual, folgt eine Phase des Spielens mit Holzreifen. Hierbei ist es wichtig, gemeinsam mit den Schülern zu experimentieren, gemeinsam über Dinge staunen zu können und (nonverbal) nach Zusammenhängen zu suchen. (Woher kommen die Schwingungen, wie rollt ein Reifen, wie kann er sich drehen?). Dann beginnt der Pädagoge die Spielideen der Schüler aufzugreifen und selbst neue Impulse zu setzen. Solange wie nötig bewegt er sich dabei selbst mit, um das Geschehen durch das eigene Tun nonverbal anzuleiten. Er achtet darauf, den Schülern viel Zeit zu lassen, denn einige Schüler reagieren verzögert. Zusätzlich baut er immer wieder Pausen in seine Aktionen ein, damit das Handeln den Schülern bewusst wird und Raum bleibt zur Verwirklichung eigener Ideen. Der Pädagoge beobachtet die Schüler immer gut, um spontane Gesten zu bemerken, denn jedes Verhalten hat Mitteilungscharakter. Wenn möglich greift er die Ideen/Angebote und Aufforderungen der Schüler auf und entwickelt sie mit ihnen gemeinsam weiter. Mit dem Reifen wurde inzwischen möglicherweise gerollt, gebaut, gedreht und in den Reifen hineingesprungen. Dann tritt der Moment einer kommunikativen Interaktion ein in Form von „Verhandeln“ über gemeinsam geteilte Bedeutungen, als ob die Lehrperson sagen wollte: „Die Janine möchte mit dem Reifen Pferdchen spielen!“. Dann nimmt er das Tun dieser Schülerin auf und spielt mit ihr Pferd und Kutscher. Das Verhalten basiert also auf nonverbalen Interpretationsversuchen seitens des erwachsenen Partners. Der Erwachsene bietet dem Kind eine Möglichkeit an und verändert diese eventuell. Interaktion mit einem Objekt bedeutet, sich auf das Miteinander-Teilen und Kommunizieren zu konzentrieren und nicht auf das Objekt. Nach einer gemeinsam entwickelten Bewegungsphase lenkt der Pädagoge das gemeinsame Tun in die von ihm angestrebte Richtung. Ist beispielsweise als nächste Aufgabe eine Tanzeinheit zur Musik angedacht, so kann der Pädagoge mit den Schülern nach und nach zu einem Reifenkreis zusammen kommen. Der erste Tanz zur Musik kann nun in dieser Tanzfassung erfolgen. Die Schüler hatten nun genügend Gelegenheit, das Gerät Reifen zu erproben. Deswegen ist an dieser Stelle eine stark vorgegebene Aufgabenstellung möglich.

Die *Einzelförderung* mehrfachbehinderter Schüler stellt eine Sonderform des Unterrichts dar, weil die Lehrperson zugleich die Partnerrolle inne hat. Die Mittel der Rhythmik, nämlich Musik und Bewegung, bleiben aber gleich. Körperlich eingeschränkte Schüler haben das gleiche Bedürfnis nach Bewegung und Musikerlebnissen. Schüler, die im Rollstuhl sitzen, werden beim Tanzen geschoben und durch verschiedene Materialien zu Bewegungssequenzen animiert. Beim Musizieren werden individuelle Schlägel angeboten, damit ein selbstständiges Musizieren möglich wird. Zusätzlich werden bewegungsunfähigen Schülern viele Wahrnehmungsmöglichkeiten über die Berührungen gegeben, welche stets musikalisch durch die Stimme begleitet werden, weil die Kopplung von auditivem und taktil-kinästhetischem Reiz am direktesten den Zugang zur Wahrnehmungsverarbeitung öffnet.[32] Beim Berühren der Schüler muss die Lehrperson sich ständig seine eigene Berührungsqualität vergegenwärtigen, also immer bewusst und mit Intention berühren, auf den Schüler eingehen und auch Ablehnung akzeptieren. Die Berührungen sind ruhig, mit flach aufgelegter Hand deutlich zu beginnen und zu beenden, damit es immer einen klaren Anfang und Schluss der Aktion gibt. Bei Fingerspielen zu Liedern können immer wieder die eigenen Hände offen und empfangsbereit angeboten werden. Es ist wichtig, mit höchster Aufnahmebereitschaft präsent zu sein und sich innerlich ausgeglichen und ruhig zu fühlen, damit sich die Gerichtetheit und die Kontinuität auf das Kind übertragen kann. Speziell wenn der Schüler gerade außer sich zu geraten beginnt, sind ruhige, nonverbale Reaktionen hilfreich. Andersherum ist aber manchmal auch das Gegenteil angesagt, nämlich das bewegungsmäßige Mitgehen der Lehrperson in die erhöhte Spannung des Kindes, es dort mit Musik oder Stimme aufzufangen und mit ihm gemeinsam zur Ruhe zu kommen.

32 vgl. Studien von A. Fröhlich zu den primären Wahrnehmungsprozessen (sensomotorische Entwicklungsstufe nach Piaget/Affolter)

Ein *musikalischer Dialog* in der Einzelförderung kann sich beispielsweise folgendermaßen abspielen: Pädagoge und Schüler sitzen nach einem musikalisch bewegten Begrüßungsritual je an einer Trommel einander gegenüber. Der Schüler erkundet spontan, gewollt oder zufällig das Instrument und schlägt mit der flachen Hand auf die Trommel. Der Pädagoge imitiert mit gleicher Intensität und rhythmisch exakt gleich. Nun wird auf eine neue Aktion des Schülers gewartet und wieder imitiert. Aus dem anfänglichen Imitationsspiel wird durch leichte Variation der Imitation der Lehrperson nach und nach ein Frage-Antwort-Spiel entwickelt. Der entstehende Dialog ist elementar, kann aber die ganze Palette an Gefühlen beinhalten. Es darf lautiert, geklopft und an den Rand der Trommel gestrichen werden, mal kräftig und laut, mal vorsichtig oder leise. Alles ist erlaubt, solange die Kommunikation aufrecht erhalten wird und gleichberechtigt abläuft. Der Pädagoge nimmt die stimmlichen Äußerungen und Bewegungen des Kindes auf und führt sie weiter. Er bietet dem Kind neue Impulse an. Beide Partner stimmen sich über einen gewissen Zeitraum hinweg miteinander ab und teilen ihre Aufmerksamkeit. So wird aus dem anfänglichen Imitationsspiel ein Wechselspiel, eine Interaktion, also ein echter Dialog.

4. Mimi Scheiblauer und ihre Rhythmik mit Hörgeschädigten

Bereits nach den ersten öffentlichen Rhythmik-Vorführungen des Schweizers Emile Jaques-Dalcroze (1865–1950), dem Begründer der musikpädagogischen „Methode Jaques-Dalcroze“, vermuteten zu Beginn des 20. Jahrhunderts weltweit viele Pädagogen und Ärzte, dass dieser Musik- und Bewegungsunterricht besonders auch Kindern mit Behinderungen zugute kommen könnte. Nach dem Ärztekongress 1911 in Dresden, bei dem Jaques-Dalcroze mit Schülern auftrat, wurde vermehrt über die therapeutische Wirkung von Rhythmik und deren Nachweis nachgedacht. In den zwanziger Jahren berichteten dann schon mehrere bei Jaques-Dalcroze ausgebildete Rhythmiker an Tagungen und in Veröffentlichungen über ihre Erfolge im Unterricht mit Gehörlosen, Blinden und Geistigbehinderten. Eine davon war Mimi Scheiblauer[33], die ab 1922 in Zürich regelmäßig Menschen mit Behinderungen unterrichtete, darunter besonders auch gehörlose Schüler. Durch die kontinuierliche Befassung mit Menschen mit besonderen Bedürfnissen wandelte sie für dieses Klientel die Aufgaben der Rhythmik allmählich um und fand ihren eigenen Stil. Ohne den musikalischen Kern zu vernachlässigen entwickelte sie eine pädagogisch ausgereifte Arbeitsweise, die jedem Menschen – unabhängig jeglicher Beeinträchtigung – die Teilnahme am Rhythmikunterricht und somit eine Chance zur persönlichen Weiterentwicklung eröffnete.

Mit ihrer großen Erfahrung, ihrer Offenheit für immer neue pädagogische Herausforderungen, der ständigen Reflektion des Handelns und der Weitergabe der Rhythmik an Studierende und Interessierte hat Scheiblauer die Rhythmik im Allgemeinen und im Besonderen auf dem Gebiet der Sonderpädagogik entscheidend geprägt. Da ihre sämtlichen Vorbereitungen[34] des mehr als 40 Jahre lang wöchentlich stattfindenden Unterrichts an der Zürcher „Taubstummenanstalt“[35] erhalten sind, können Rückschlüsse auf Aufbau und Verlauf der Arbeit mit hörbeeinträchtigten Schülern gezogen werden.

33 beispielsweise unter dem Titel „Die Rhythmik als Hilfsmittel bei der Erziehung anormaler Kinder“ in: E. Feudel: Rhythmik, München 1926
34 zum größten Teil stichpunktartig notiert
35 damaliger Name

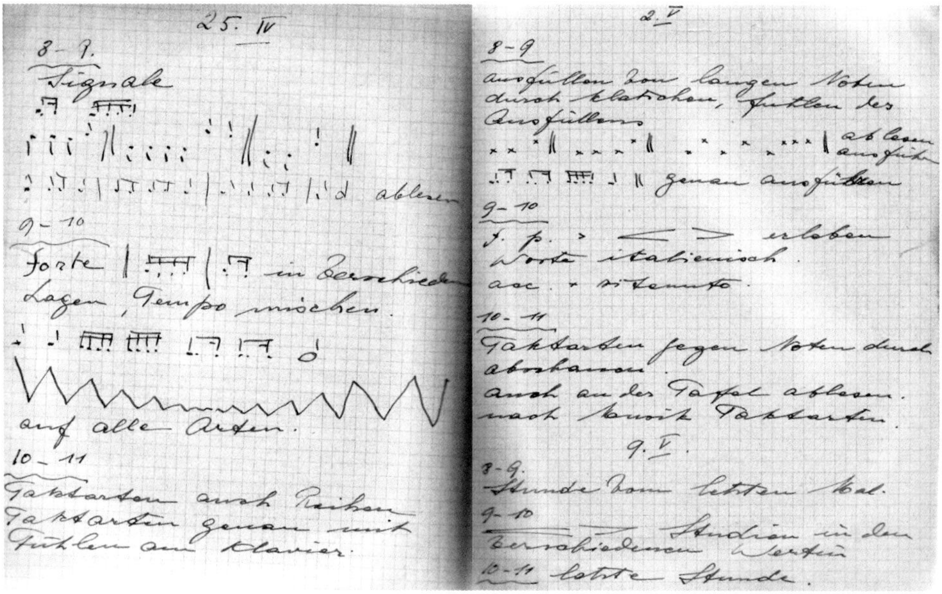

Auszug aus einem Vorbereitungsheft von 1951

Kaum eine Veröffentlichung zur Pädagogik für Hörgeschädigte nimmt nicht Bezug auf Scheiblauer und die rhythmisch-musikalische Erziehung als ein besonders geeigneter Förderansatz.[36] Es ist das Dialogische der Rhythmik im Sinne Martin Bubers, mit dem sich die Fördererfolge erklären lassen, und dessen sich Scheiblauer – ohne es wörtlich heraus zu heben – auch bewusst war. Gemeint ist hier nicht nur der verbale Dialog zwischen Menschen, zwischen Pädagogen und Schülern und den Schülern untereinander, sondern vor allem der nonverbale Dialog, der zwischen Musik und Bewegung, zwischen Mensch und Musik und Bewegung und im Menschen selbst zwischen sich und seiner eigenen Bewegung und seiner eigenen Musik entsteht.

Mimi Scheiblauer kann als Pionierin der Rhythmik in der Sonderpädagogik gesehen werden, obwohl dieses spezielle Arbeitsfeld zeitlich nur einen relativ kleinen Teil ihrer beruflichen Tätigkeiten ausmachte. Sie war die einzige Rhythmikerin ihrer Generation, die uneingeschränkt und unbehindert durch die politischen Ereignisse während der Weltkriege in der offi-

36 Z. B. Salmon, 2006, S. 12/57/69 ff. Ab S. 119 arbeitet Shirley Salmon unter „Musik als Weg zum Dialog bei hörbeeinträchtigten Kindern" die Bedeutung der Musik bzw. des Dialoges in der Entwicklung von Kindern deutlich heraus.

ziell sich neutral verhaltenden Schweiz kontinuierlich unterrichten, Erfahrungen sammeln, darüber in Veröffentlichungen berichten und Studierende ausbilden konnte. Ihre großen Verdienste, die sie hierbei in der Praxis mit Hörgeschädigten erworben hat, sollen an dieser Stelle besonders gewürdigt werden. Ohne sie hätte weder die Idee der Unterrichtung Hörgeschädigter in und mit Musik seit so vielen Jahren Verbreitung und Weiterentwicklung gefunden, noch hätte der hier vorliegende Leitfaden in dieser Fülle erstellt werden können.

Es ist im Folgenden nicht nur das Interesse, an die große Persönlichkeit und Leistung Scheiblauers zu erinnern, sondern auch anhand ihres Lebensweges, ihrer selbst gewählten Lebensschwerpunkte und Lebensweise, ihrer gewachsenen Lebensaufgabe und das Besondere an ihren Botschaften nachzuspüren. Vielleicht gelingt es dadurch, trotz vieler nötig gewordener Abwandlungen, Anpassungen und Weiterführungen die Aktualität und gebotene Pflicht zur Anwendung der Rhythmik in der Förderung von jungen Menschen mit Hörbeeinträchtigungen heraus zu stellen.

4.1 Lebensweg

Am Himmelfahrtstag 1891 in Luzern geboren erlebte Mimi Scheiblauer eine wenig kindgerechte Kindheit. Als Einzelkind eines humanistisch und künstlerisch gebildeten Bahningenieurs aus Wien und einer bodenständigen Postbeamtin aus dem Berner Oberland hatte sie fast nur Umgang mit erwachsenen Menschen und stufte sich in ihrer eigenen Erinnerung als frühreif ein. Die Eltern unterstützten die Neugier des etwas störrischen Kindes in vielen Bereichen und förderten ihr scharfes und kritisches Denkvermögen. Besonders geprägt wurde die Heranwachsende durch die natur- und geisteswissenschaftlichen Lehrstunden bei ihrem Vater, die sie bis zu seinem Tode 1925 genoss, und durch die Zähigkeit und Durchsetzungskraft ihrer Mutter sowie deren Dominanz in allen lebenspraktischen Dingen.

Der Privatunterricht im Hause Scheiblauer, kaum Kontakte zu Kindern und wenig Gelegenheiten zum Spiel trugen dazu bei, dass aus der „Mimi“ genannten Marie-Elisabeth eine kontaktarme Schülerin wurde, die man belächelte und gleichzeitig wegen ihres Klavierspiels bewunderte. Denn schon im Vorschulalter bekam die künstlerisch Hochbegabte Gelegenheit zum Klavierunterricht und als Bewegungsanregung zum Besuch des Rhythmikunterrichts, der „Rhythmischen Gymnastik“ von Emile Jaques-Dalcroze, bei Paul Boepple in Basel. Letzterer war es dann auch, der sie 1908 zu einem Sommerkurs von Jaques-Dalcroze mitnahm, dem Harmonielehrer am Konservatorium Genf und angehenden Schulmusik-Reformer. Ihre kritische Haltung gegenüber dem dort Gebotenen veranlasste aber Jaques-Dalcroze, Boepple zu bitten, diese Schülerin, die unterdessen die pianistische Berufsklasse von Hans Huber in Basel besuchte, nicht mehr mitzubringen. Dessen ungeachtet ging Scheiblauer ein Jahr später wieder nach Genf, um bei ihm die Rhythmik, damals „rythmique gymnastique" genannt, weiter für sich und ihre ersten Musikunterrichtsversuche zu entdecken. Und als Jaques-Dalcroze 1910 in die Gartenstadt Hellerau bei Dresden als Mitbegründer eines neuen Lebensgefühls und Umganges mit Kunst für jedermann gerufen wurde, nahm er sie als eine seiner Schülerinnen mit, wo sie 1911 zusammen mit Charlotte Pfeffer und Elfriede Feudel das Rhythmikstudium mit dem Diplom abschloss.

Alle drei Frauen, Feudel, Pfeffer und Scheiblauer, entwickelten die Rhythmik – wie von Jaques-Dalcroze angebahnt – in der Folgezeit durch ihre praktischen Tätigkeiten als Rhythmiklehrerinnen zu einem umfassenden, künstlerischen Fach mit musikpädagogischem Schwerpunkt für Menschen jeden Alters. Während Feudel in Leipzig neben dem Unterrichten nach begrifflicher Klarheit suchte und diese in diversen Veröffentlichungen festhielt, sammelten Pfeffer (zuerst in Deutschland und dann in Italien) und Scheiblauer (in der Schweiz) nicht nur in den angestammten Arbeitsfeldern der Rhythmik Erfahrungen, sondern stellten sich unabhängig voneinander der Herausforderung, mit Menschen mit unterschiedlichsten Behinderungen Wege einer Förderung mit Rhythmik zu suchen und aufzubauen.

Nach einer Zeit des Rhythmikunterrichtens an verschiedenen Orten von Zürich bis Freiburg/Breisgau, zahlreicher Auftritte in Kammerkonzerten und der Veranstaltung von Rhythmikaufführungen mit ihren Schülern wurde die nun schon weit bekannte Scheiblauer aufgrund ihrer hervorragenden Klavierimprovisation und erfolgreichen Lehrerfortbildungen vom Komponisten Friedrich Hegar im Frühjahr 1912 als Lehrkraft für Klavier, Rhythmik und Solfège – zugleich als erste Frau – an das Konservatorium Zürich berufen. Sie begeisterte Studierende und Schülereltern so sehr, dass nach einigen Jahren die ersten aus den Kinderklassen herangewachsenen Schülerinnen denselben schönen Beruf wie ihre Lehrerin ergreifen wollten. So wurde 1926 das Rhythmikseminar am Konservatorium Zürich eröffnet, das Scheiblauer bis zu ihrem Tode am 13. November 1968 leitete.

Sie behielt die ganzen Jahre die Stadt Zürich als Lebensmittelpunkt und zugleich als Ausgangspunkt ihres internationalen Wirkens. Nachdem ihr 1950 vom Österreichischen Bundespräsidenten in Wien der Professorentitel verliehen worden war und der Ruf als bahnbrechende Pädagogin über das Ausland zurück nach Zürich drang, wollte man auch mit Ehrungen nicht mehr zurück stehen: Scheiblauer erhielt 1966 sowohl von der Stadt Zürich die Hans-Georg-Nägeli-Medaille als auch von der Philosophischen Fakultät der Universität Zürich den Doktor honoris causa. Sie selbst machte sich nicht viel von diesen Ehrungen, konnte gar darüber lächeln, denn viel wichtiger war ihr das Verstandenwerden und die Verinnerlichung ihrer Botschaften.

4.2 Lebensschwerpunkte

Wie oft bei durchsetzungskräftigen, umfassend gebildeten Frauen dieser Generation festzustellen ist, war der Beruf für Scheiblauer zugleich Berufung.[37] Aus der Arbeit heraus ergab sich ein Schwerpunkt nach dem anderen. Eine Phase ging über in die nächste, Erkenntnisse vertieften sich, Erfahrungen ließen Gewissheiten wachsen, neue Impulse von außen wurden aufgenommen und der gesamte gewonnene Schatz wurde freiherzig weitergegeben, damit jeder daran partizipieren, sich oder seine eigene Arbeit daran weiter entwickeln könne.

Neben der fortlaufend eigenen Weiterbildung in Philosophie, Psychologie, Medizin und Musikpädagogik blieb Scheiblauer trotz verlockender Angebote im In- und Ausland[38] ihren beruflichen Aufgaben in Zürich treu. Mit ihren vielfältigen künstlerischen und pädagogischen Möglichkeiten setzte sie immer wieder andere Schwerpunkte und fand neue Aufgaben für die Rhythmik, unterhielt internationale Kontakte zu Musikern und Pädagogen und reiste zu zahlreichen Vorträgen und Unterrichtsdemonstrationen ins Ausland. Darüber hinaus leitete sie viele Jahre einen Frauenchor, setzte sich für Frauenrechte und die Rechte des Kindes ein, war eine der ersten Autofahrerinnen der Schweiz und gehörte zu den Mitbegründern des Schweizer Zivildienstes.

Zwischen 1912 und 1947 gestaltete Scheiblauer viele Tanzszenen in großen und kleinen Rhythmikaufführungen und arbeitete erfolgreich mit dem Regisseur Hans Zimmermann am Stadttheater Zürich zusammen, wo sie ab 1932 u. a. Bewegungschöre schuf für Christoph Willibald Glucks Orpheus, Wolfgang Amadeus Mozarts Idomeneo, Arthur Honeggers Amphion, Othmar Schoecks Venus, für die Uraufführung Arnold Schönbergs

37 beispielhaft herausgearbeitet von S. Hürtgen-Busch in: Die Wegbereiterinnen der rhythmisch-musikalischen Erziehung in Deutschland, Frankfurt 1996

38 beispielsweise 1933 die Übernahme der Schule Hellerau-Laxenburg bei Wien nach dem Tode von Ch. Baer-Frissell

Moses und Aron (1957). Es entstanden Choreographien für Festspiele und Volksfeste. Ein Höhepunkt davon war das Volksliederspiel „Annebäbeli lupf de Fuess" mit 500 Mitwirkenden für die Schweizerische Landesausstellung 1939. In den Jahren 1951–54 widmete sie sich dem Theater und inszenierte Werke im Kloster Einsiedeln, wobei sie vor allem von der Arbeit mit den Jungen in den Bereichen Stimme und Bewegung fasziniert war.

Auch im Ausland wurde man aufmerksam auf die Arbeit Scheiblauers, insbesondere auf ihre Erfolge mit behinderten Menschen. So wurde sie u. a. schon 1929 vom „Reichsverband deutscher Tonkünstler und Musiklehrer" und vom „Deutschen Rhythmikbund" zu einer Unterrichtsdemonstration nach Berlin eingeladen. 1933 nahm sie am ersten „Internationalen Musikpädagogischen Kongress" unter Leitung von Leo Kestenberg in Prag teil. 1938 organisierte sie den zweiten Kongress in Zürich, der dann schon „Internationale Arbeitskonferenz für Musikerziehung und Heilpädagogik" hieß, und engagierte sich auch beim dritten in Wien. Ab 1957 hielt sie dann jährlich Fortbildungskurse und Lehrveranstaltungen an verschiedenen Ausbildungsinstituten und Behinderteneinrichtungen in Deutschland und Österreich ab.

4.3 Lebensweise

Die Kinder- und Jugendzeit Scheiblauers wirkte sich auf ihre weitere Entwicklung aus und daraus folgten die umfassenden Zielvorstellungen ihrer Erziehungsarbeit und ihre absolute Hingabe daran, sowie auch speziell der Zugang zum schwierigen Kind. Einfachheit, Bescheidenheit, Disziplin, Pflichterfüllung – das sind Forderungen, die sie zeitlebens an sich und andere gestellt hat. Dementsprechend führte sie ein fast asketisch zu nennendes Leben, in einer kleinen Zweizimmer-Dachwohnung ohne Telefon, Radio oder Tageszeitung. Die wichtigsten aktuellen kommunalen und politischen Informationen erhielt sie regelmäßig im Gespräch und in der Diskussion mit Freunden.

Eine ihrer Schülerinnen stellte dieses Leben einmal trefflich unter das Motto „Hellhörig sein auf den Ruf der Stunde".[39] Konzentration auf das Wesentliche und ein Dasein ohne Zeitverschwendung, ein geradliniges Vorangehen und Achtsamkeit auf alles Gegenwärtige, das lebte sie tagtäglich ihren Schülern vor. Dazu gehörte auch die Beschränkung der persönlichen Beziehungen. Nach der meist nur mit Erwachsenen durchlebten Kindheit und Schulzeit blühte Scheiblauer während ihres Studiums in Hellerau rich-

39 M. Buber

tig auf. Zum ersten Mal erfuhr sie dort die Aufnahme in eine außerfamiliäre Gemeinschaft, schloss Freundschaften und lernte viele Künstler kennen. Nahe Freundschaften pflegte sie allerdings auch später nur ganz wenige. Die Übernahme von Pflichten für eine eigene Familie zerschlugen sich sehr früh und wurden wahrscheinlich kaum wieder in Erwägung gezogen. Wenige Menschen konnte sie über viele Jahrzehnte hinweg als ihre engsten Freunde bezeichnen, wovon sie wohl nur einem einzigen, dem Filmemacher Walter Marti, Einblicke in ihr tatsächliches Seelenleben erlaubte.

Rhythmik-Abzeichen von M. Scheiblauer

Ein Lebensmotto beschrieb Scheiblauer selbst mit „Völlige Hingabe im beschränkten Raum“, das sie in reinem Jugendstil als Zeichnung entwarf, als kleines Abzeichen in Silber anfertigen ließ und ihren Studierenden als symbolischen Wegweiser schenkte. Dazu passte auch ihre Aussage „Ich wünsche Euch, dass Ihr vom Leben gerüttelt und geschüttelt werdet“, denn darin sah sie die beste Chance für den Menschen, neue Wege zu suchen und diese mit aller Kraft zu bewältigen. Rudolf Wittelsbach, der damalige Direktor des Konservatoriums Zürich, fasste die Lebensweise Scheiblauers in der Gedenkfeier 1968 folgend zusammen: Scheiblauer war voller „beispielhafter Treue und Hingabe an andere, […] von einer Disziplin, der auch die kleinsten Pflichten nicht geringfügig schienen und die sie befähigten, auch von anderen Disziplin und Pflichterfüllung zu fordern; von einer Kraft des Mitfühlens und Mitleidens und von einem Adel der Gesinnung, die eine strenge Sachlichkeit bei der Auseinandersetzung mit konkreten Problemen keineswegs ausschlossen“.[40]

40 Lobpreisung der Musik 4/5 1969, S. 10

Leitgedanken dieser Art weisen auf Scheiblauers tiefe Religiosität hin, die keine konfessionellen Schranken kannte, ganz ausgerichtet auf das Hinhören auf Gott in der Stille und die Suche nach dem Menschen. Die Stille fand sie in der Meditation und in ihrem abgelegenen Haus in den Walliser Alpen, wo man sie aber auch ab und zu heiter im Kreise von Freunden und Schülerinnen antreffen konnte. Die Aussagen „Ich glaube, ich bin in der Welt, um Unruhe zu stiften" und „Wir müssen anbahnen" zeugen von ihrer Willenskraft, die unendlich schien. Erst in den allerletzten Lebensjahren mochte sie sich eine Verlängerung der Sommerferien und wöchentlich einen Tag ohne Unterricht gönnen.

4.4 Lebensaufgabe

Unter die Oberbegriffe „Unterbrechen – Umschalten – Durchhalten" ordnete Scheiblauer alle für ein Leben in der menschlichen Gemeinschaft notwendigen Kompetenzen und fasste darunter die dafür zu leistende Erziehungsaufgabe zusammen. Diese Begriffe gehörten für sie zu der „Ordnung in sich selbst", genauso wie auch die Ordnung im Raum, im beschränkten Raum[41] und in den Dingen. Der Ordnung einen so hohen Stellenwert zuzuschreiben, ist höchst aktuell. Ordnung als Gegenstück zur Unordnung, genauso wie Armut gegenüber Reichtum und Achtung gegenüber Missachtung, sind heute nicht nur in der Pädagogik wieder ernstgenommene und diskutierte Inhalte.[42] Scheiblauer verwies zudem immer auf das „Noch-Nicht" des Heranwachsenden, die unumstößliche Haltung gegenüber jedem Menschen, die jede positive Weiterentwicklung für möglich hält und alle Wege dazu offen lässt. Diese grundsätzliche Offenheit gegenüber jedem Schüler führte auch zu der von ihr geforderten Grundregel für den (Rhythmik-)Lehrer: Nicht die Lösung einer Aufgabe kann falsch sein, sondern nur eine falsche Aufgabenstellung führt zu unbefriedigenden Lösungen. Denn es ist die Aufgabe des Pädagogen, die Unterrichtsangebote auszuwählen, zu differenzieren und für den Schüler angemessen und lösbar aufzubereiten. Das Prinzip des Dialogischen kommt hierbei voll zum Tragen, denn nur auf Grund der Hinwendung und des gegenseitigen Reagierens als Kreisprozess kann ein Entwicklungsprozess erfolgreich in Gang kommen. In Scheiblau-

41 Veränderung des Bewegungsraumes durch im Raum verteilte Objekte

42 beispielsweise die Ordnung verstanden als Gegenstück von und gleichzeitig als Voraussetzung für Unordnung und Freiheit bei H. v. Hentig in: „Ordnung, Unordnung. Freiheit", Beitrag in: G. Becker/A. v. d. Groeben (Hg.): Ordnung und Unordnung, Weinheim 2005

ers Worten: „Es gibt keine bildungsunfähigen Schüler, nur unfähige Erzieher". Gleichzeitig bedachte sie im Großen: „Auch wir sind nur Gärtner, die wohl das seelische Erdreich lockern, den geistigen Samen ausstreuen, das keimende Pflänzchen hegen und pflegen dürfen, ob es aber zum Blühen und Fruchttragen komme, liegt nicht in unser, sondern Gottes Hand".

Unzählige Gruppen aller Altersstufen mit teilweise über 30 Kindern lernten bei ihr zu verstehen, was Musik sagen kann, welchen Gesetzen Musik folgt, wie Musik in Bewegung bringt und wie man mit ihr, in ihr und mit dem eigenen Körper sprechend in Beziehung zu anderen Menschen treten kann. Während die Musik für den zuschauenden Laien nur als Hilfsmittel wirkte, hatte sie tatsächlich eine zwar sparsame aber zentrale Funktion und Scheiblauer stellte höchste Ansprüche an die eigene musikalische Improvisation. Meist vergaß Scheiblauer dabei herauszustellen, dass im Bezug auf das Fach Rhythmik auch der musikalisch-künstlerische Hintergrund und die entsprechenden Fähigkeiten, die sie selbstverständlich ständig einsetzte, wesentlich am Unterrichtserfolg beteiligt sind.

Den über die Rhythmik-Vermittlung hinausgehenden Unterricht im Ausbildungsseminar in Zürich gliederte Scheiblauer selten nach Fächern, sondern entwickelte ihn kontinuierlich von einem Ausgangspunkt aus, den sie, situationsbedingt und abgestimmt auf die Bedürfnisse und Befindlichkeiten ihrer Studierenden, als pädagogisches, musiktheoretisches, rhythmisches oder künstlerisch an ein Werk gebundenes, literarisches oder politisches Thema wählte. Flankierend dazu wurden die musiktheoretischen Fächer von den Kollegen des Konservatoriums unterrichtet und in Ringvorlesungen Einführungen in Psychologie, Anatomie, Heilpädagogik u. a. vermittelt. Im Laufe der Jahre wurden einige wenige zusätzliche Lehrkräfte für Körpertechnik und Klavierimprovisation, meist diplomierte Rhythmikerinnen aus den eigenen Reihen, dazu geholt. Interessiert verfolgte Scheiblauer den weiteren Werdegang ihrer Absolventinnen auch nach dem Musiklehrer-Diplom-Abschluss. Für deren Interessensvertretung gründete sie 1964 den bis heute aktiven Schweizerischen Berufsverband musikalisch-rhythmischer Erzieher.[43]

Nachdem Scheiblauer schon 1922 in Schulklassen mit schwierigen Kindern, sogenannten Beobachtungsklassen, Rhythmikunterricht erteilt hatte, wurde sie 1924 durch Professor Heinrich Hanselmann zur intensiven Auseinandersetzung mit behinderten Menschen angeregt. Von da an arbeitete

43 www.rhythmik.ch

sie regelmäßig in Landerziehungsheimen, in einer Psychiatrischen Klinik, ab 1926 in Schulen für Gehörlose und für Blinde sowie nach Kriegsende speziell mit Flüchtlingskindern. Hanselmann, ein großer Musikliebhaber – aber weder Musiker noch Künstler –, war der erste Inhaber eines Lehrstuhles für Heilpädagogik in Europa und gründete 1924 das Heilpädagogische Seminar an der Universität Zürich, an das er von Anfang an Scheiblauer als Dozentin verpflichtete. Er war selbst oft Beobachter in ihrem Rhythmikunterricht und regte immer wieder zu neuen Gedankengängen an. Er wünschte die Verlagerung des Schwerpunktes der rhythmischen Arbeit vom Musikalischen auf das allgemein Erzieherische und wies Scheiblauer einen neuen Weg mit den Worten „Seien Sie einfach, Sie können nie einfach genug sein!". Folglich wurde sie einfach in ihren Arbeitsmethoden und nahm immer mehr einfache Spielgeräte zu Hilfe, um den Zugang auch zu schwer und mehrfach behinderten Menschen anzubahnen und deren Eigenaktivität zu wecken. Friedrich Fröbel (1782–1852) stand mit seinen Ideen für entwicklungsförderndes Spielzeug dabei Pate. Bald gehörten Bälle, Reifen, Kugeln, Holzquader, Würfelchen, Seilchen, Spanstäbchen oder simple Holzstühle zu ihren Hilfsmitteln. Anstelle der sprachlichen Anleitung des Unterrichts waren die Musik und das Spielmaterial getreten, sodass ihr Unterricht äußerlich so „einfach" erschien, dass jeder Lehrer oder Erzieher glaubte, ihn übernehmen zu können. Was aber weder augenfällig noch zu imitieren war, war Scheiblauers stupende Musikalität, die sich in unerschöpflicher Improvisationskunst am Klavier und auf der Bambusflöte niederschlug, ihr tiefes Vertrauen auf die Entwicklungskraft und den Entwicklungswillen des Menschen und ihre unglaubliche pädagogische Intuition.

Die Fülle ihrer selbstgewählten Aufgaben konnte Scheiblauer nur bewältigen dank einer unermüdlichen Willenskraft, verbunden mit der Zielvorstellung, „das Leben auf seinen höchsten Wert zu bringen". Sie sah sich als „Wegbereiterin einer neuen Zeit"[44], als „Gottes Mitschöpferin" und „Werkzeug auf dem Weg zu einem neuen Menschen".[45] Sie handelte ganz im Sinne des Sämann-Spruches, den sie auch als Losung über ihre im Eigenverlag erschienene Zeitschrift „Lobpreisung der Musik – Blätter für Musikerziehung und allgemeine Erziehung" setzte: „In Gottes Namen amen – Sä ich meinen Samen – Ich bitt dich Herr Sant Galle – Das er mir nützlich falle". In dem kleinen Blatt

44 in Anlehnung an ein Zitat aus dem Textbuch zu „Mathis, der Maler" von Paul Hindemith

45 Zitate aus der Gedenkrede von G. Ringli, veröffentlicht in: Lobpreisung der Musik 4/5, 1969

veröffentlichte sie ab 1942 fast 27 Jahre lang etwa neunmal jährlich ein bis zwei Aufsätze von sich und vielen anderen Musikern und Pädagogen. In ihrem Sämann-Verlag erschienen außerdem Aufsätze ihrer Kollegin Charlotte Pfeffer („Bewegung – aller Erziehung Anfang"), kleine Liederbücher mit eigenen oder neu gesetzten Liedern und Notenbücher für das in die Rhythmikausbildung integrierte Flötenspiel auf selbst gebauten Bambusflöten.

Nicht eine bestimmte Methode war ihr wichtig, sondern die Arbeit am Menschen über alle Grenzen und Schwierigkeiten hinweg. Das erklärt, dass sie ihr Anliegen in der praktischen Arbeit vermitteln wollte und nicht an Theoriebildung interessiert war. Deshalb blieben ihre neuen Wege in der Bildung von Menschen mit Behinderungen fast ohne Einfluss auf die sich entwickelnde Theorie der Heilpädagogik, wurden aber später in der Praxis körper- bzw. bewegungsorientierter Therapieformen und der Musiktherapie vielfach aufgegriffen. Auch in durch äußerliche Einflüsse belastenden Zeiten strahlte Scheiblauer in und nach Unterrichtsstunden mit behinderten Menschen eine große innere Fröhlichkeit und Zuversicht aus: Hier hatte sie ihre eigentliche Lebensaufgabe gefunden. Deutlich ist in diesem Unterricht der Einfluss der Reformpädagogik und der Kunsterziehungsbewegung zu erkennen und nach Siegenthaler sind die folgenden Grundzüge typisch dafür: „Der Respekt vor der kindlichen Persönlichkeit", „die Befreiung des Menschen von unnötigen Zwängen", „die Einheit von Eindruck und Ausdruck" und „der ungebrochene Optimismus im Sinne eines Glaubens an die Wirksamkeit einer als richtig erkannten Erziehung".[46]

In der Literatur wird die Rhythmik, wie sie Scheiblauer praktiziert hat und von ihren Schülern weiter getragen und den neuen Bedingungen angepasst wurde, vielerorts als therapeutisches Konzept eingestuft, ohne musikpädagogische Komponenten zu betonen. Es besteht aber unter Fachleuten weitgehend Konsens darüber, dass sich nicht das Fach Rhythmik an sich ändert, wenn es mit unterschiedlichen Zielgruppen praktiziert wird, sondern dass sich je nach Zielgruppe die Schwerpunkte verlagern (müssen). Deshalb wird bevorzugt, das Fach nicht mit einem Zusatz oder Namen zu versehen, sondern nur den Einsatzbereich zu nennen (z. B. Rhythmik in der Schule, Rhythmik als Hauptfach, Rhythmik mit Erwachsenen).[47]

46 H. Siegenthaler, Anthropologische Grundlagen der rhythmischen Erziehung in der Heilpädagogik, in: Thaler-Battistini 1989, S. 13–41

47 Wenn in jüngster Zeit wieder von „Therapeutischer Rhythmik" o. ä. die Rede ist oder diese sogar unter Copyright angeboten wird, ist der historisch bewanderte Rhythmiker befremdet.

Scheiblauer war sich der pädagogischen Transfereffekte ihres Unterrichts für Menschen mit Behinderungen sehr bewusst; so wie es eben zuerst von Heinrich Hanselmann gesehen und gar gewünscht wurde. Für den Außenstehenden musste der Eindruck entstehen, dass es ihr mehr um die außermusikalischen Ziele ging als um den Weg zur Musik. Tatsächlich war am Ende der Appell an Pädagogen und Gesellschaft, jedes Leben als lebenswert anzuerkennen, Scheiblauers zentrales Anliegen geworden. Zugleich war dies ihr Aufruf zur Einrichtung von Förderangeboten. Und in der Tat war der Aspekt der Teilhabe am Leben in der Gesellschaft in den Vordergrund getreten gegenüber dem – freilich dazugehörenden – Aspekt der Teilhabe an Musik.[48] Nur wenige Jahre nach dem Tode Scheiblauers wurde es in wissenschaftlichen Arbeiten zur Theoriebildung nötig, das Zusammenwirken von Musikpädagogik und Musiktherapie zu analysieren, mit dem Erfolg, dass die Untrennbarkeit vielfach nur an Äußerlichkeiten wie der Lehrperson bzw. des Therapeuten, der erklärten Zielsetzung oder der Institution festzumachen ist.[49]

Scheiblauer hat außer einigen Aufsätzen und Vortragsniederschriften keine Veröffentlichungen hinterlassen. Alle Publikationen, die unter dem Namen „Scheiblauer-Rhythmik“ firmieren oder in welchen dieser ungeeignete Begriff verwendet wird, zeugen von Unkenntnis der Autoren und bestehen oft aus subjektiv notierten Sammlungen einzelner Übungen, die Scheiblauer in ihren Fortbildungen mit Schülern demonstriert oder mit den Teilnehmern durchgeführt und laufend kommentiert hat.[50] Oft sprach sie in den letzten Lebensjahren davon, an einem Buch zu schreiben. In ihrem Nachlass finden sich auch einige Fragmente, die auf eine geplante Gesamtgliederung schließen lassen und einzelne Aussagen zu Schwerpunktthemen

48 Vgl. dazu den aktuellen internationalen Stand in dem Beitrag von M. Prause-Weber „Zur interdisziplinären Standortbestimmung musikalisch-heilpädagogischer Konzeptionen“ in: Salmon 2006, S. 91–105. Hier werden vor allem die Schnittfelder zwischen Musikpädagogik und Musiktherapie herausgearbeitet und die Möglichkeiten der interdisziplinären Zusammenarbeit von Pädagogen und Therapeuten betont sowie die Zielsetzungen von Erziehung durch Musik und Erziehung zur Musik gleichwertig betrachtet. Zu diesem Aspekt s. a. H. Moog, Musikerziehung bei Schwerhörigen, in: Kemmelmeyer/Probst (Hg.), Quellentexte zur Pädagogischen Musiktherapie, Regensburg 1981, S. 346–360

49 Aus diesem Zwiespalt führte W. Probst in den 70er Jahren des vergangenen Jahrhunderts den Begriff „Pädagogische Musiktherapie“ ein, womit verdeutlicht werden sollte, dass ein Musikpädagoge therapeutisch wirkt (vgl. ebd.)

50 Ältere und neuere Veröffentlichungen von direkten und diplomierten Scheiblauer-Schülerinnen, die sich mit der Lehre der Rhythmik an und für sich befassen und sich auf Scheiblauer beziehen, sind hier nicht gemeint.

enthalten. So wie sie um die richtige Bezeichnung des Faches Rhythmik rang – „Rhythmische Pädagogik“ oder „Pädagogische Rhythmik“ oder doch lieber „Heilpädagogische Rhythmik“ –, rang sie immer wieder neu um die Konzeption des Buches, umriss die erzieherischen Aufgaben der Rhythmik immer wieder mit noch präziseren Worten, um die größtmögliche Verständlichkeit zu erlangen und ihre Anliegen in der größtmöglichen Eindringlichkeit formulieren zu können. Es ist nicht verwunderlich, dass ihr die Fertigstellung des Buches nicht gelang, denn ihre Arbeit war nach wie vor im Fluss, wurde ständig neu überdacht, abgewandelt und den täglich neuen Situationen der Schüler angepasst.

Wenn sie in ihren Entwürfen auf die großen Erziehungsprobleme aufmerksam macht, könnte man meinen, man lese die Nöte eines heutigen Pädagogen. So wies sie darauf hin, dass es der Jugend nach den zwei Weltkriegen vor allem an Verantwortungsgefühl – nicht nur anderen, sondern auch sich selbst gegenüber – fehle. Die Jugend habe weder Ehrfurcht vor anderen Menschen noch vor Gegenständen, sie habe keine Achtung vor dem Gesetz, habe keine Ordnung um und in sich, stehe da ohne Verbindung zur Vergangenheit, ohne Beziehung zur Gegenwart und ohne Hoffnung auf eine bessere Zukunft. Und so folgert sie, man müsse einen Weg finden, auf dem die Jugend zur Ordnung, zur inneren Freiheit und zu einem verantwortungsvollen Handeln gegenüber der Gemeinschaft geführt werden könne. Unter dem „Zweck der musikalisch-rhythmischen Erziehung“ schreibt sie, diese diene der Erfassung und Erziehung des Menschen, der Entwicklung seiner guten Anlagen und der Ausbildung seiner seelischen, körperlichen und geistigen Fähigkeiten. Das Individuum solle zur Gemeinschaft geführt und eine Beziehung zwischen dem „Ich“ und dem „Du“ geschaffen werden. Die Fähigkeit des Aufnehmens, der Verarbeitung und der Wiedergabe seien die Grundlagen für die Bildung des Menschen. In erster Linie müssten die Sinne geschult, das Anschauen, Hin- und Hineinhören, Ein- und Mitfühlen geübt werden. Mit Übungen der Begriffsbildung sollen dem Schüler neu zu Erlernendes durch starkes körperliches Erleben nahe gebracht werden. Das habe die Vertiefung des Eindrucks zur Folge und schule nicht nur den Bewegungs- und kinästhetischen Sinn, sondern fördere auch das Verständnis für geistige Zusammenhänge. In der Pädagogik solle dem Erleben und Erkennen mehr Beachtung geschenkt werden als dem intellektuellen Benennen, denn die Jugend solle sich organisch entwickeln können, viel erleben und dadurch auch Staunen und Bewundern lernen. In den sozialen Übungen des Führens und Folgens werde der Weg zu anderen Menschen, zur Gemeinschaft, angebahnt und der Verantwortungssinn geschult. Ein Ziel sei die voll entwickelte Persönlichkeit, die Verantwortung übernehmen kann.

In ihren Buchentwürfen begrüßt Scheiblauer die Eingliederung der Rhythmik in die Musikerziehung, warnte aber vor fachlich unbegründeten Lehrplänen und die Lehrkräfte davor, Übungsreihenfolgen einhalten und in einer festgelegten Zeit vorgeschriebene Resultate vorzeigen zu wollen. Jede Rhythmikstunde ergebe, wenn sie richtig erteilt werde, ein geschlossenes Ganzes. So wenig man den Unterricht in einen Lehrplan zwängen könne, so wenig könne eine allgemein gültige Reihenfolge der Übungen festgelegt werden. Sie betont, dass das Wichtigste sei, dass jeder Lehrer wisse, was er mit einer Übung bezwecken wolle, dass er flexibel den Schwierigkeitsgrad verändern könne und dass er im richtigen Moment die richtige Übung zur Verfügung habe. Das verlange eine hohe Konzentration, die für den Zuschauer gar nicht sichtbar werde. Damit stellt sie auch die Verfassung jeder Art von Übungssammlungen und Unterrichtsleitfäden in Frage, so wie damals alle Rhythmiker davon ausgingen, dass nur derjenige, der die Rhythmik am eigenen Leibe erfahren habe, Rhythmik im wahrsten Sinne unterrichten könne. Ganz Unrecht hatten sie damit nicht, weil sich ohne körperliches Erleben (innerlich oder äußerlich sichtbar) kein musikalisches Bild von Rhythmus und Dynamik einstellen und damit auch keine Grundlage zum (künstlerischen) Ausdruck in Musik, Bewegung oder Bild entwickeln kann.

Sämtliche Unterrichtsvorbereitungen und Vortragsmanuskripte sowie viele Dokumente zu den Rhythmikaufführungen befinden sich in Scheiblauers Nachlass. Das größte dokumentarische Vermächtnis Scheiblauers sind jedoch die Filme, die die Regisseure Reni Mertens und Walter Marti, mit denen Scheiblauer ein enges Freundschaftsverhältnis pflegte, gedreht haben. In gemeinsamer Arbeit und mit größtem Einfühlungsvermögen in Scheiblauers menschliche Anliegen entstand der vielbeachtete Film „Ursula oder das unwerte Leben“ (1966). Er dokumentiert eindrücklich die pädagogischen Grundgedanken und die Erzieherhaltung Scheiblauers. Aber auch der schon 1956 entstandene kurze Film „Rhythmik“ erschließt dem aufmerksamen Betrachter die gesamte Breite der Einsatzbereiche von Rhythmik und die Größe der Person Scheiblauer. Hier wie dort erlebt man unzählige Momente, in denen die Saat aufzugehen beginnt. Speziell bei der Hauptperson, der sogenannt blind und gehörlos geborenen Ursula, ist die positive Weiterentwicklung bis ins Erwachsenenalter bekannt.[51] Bis zum

51 vgl. K. Lorenz in „Rhythmik in der Erziehung“ Nr. 1/91, Wolfenbüttel 1991

letzten Lebenstag wurde Scheiblauer nicht müde, die nach wie vor aufrüttelnde Botschaft – wie in ihrem wichtigsten Film dokumentiert – zu unterstreichen: „In jedem Menschen steckt etwas Göttliches. Darum gibt es kein unwertes Leben und es ist unsere Aufgabe, jedes Leben lebenswert gestalten zu helfen".

Dass sich die Rhythmik nach Scheiblauer verändert hat und verändern musste, ist selbstverständlich. Nicht nur die Zeit und die Menschen haben sich verändert, auch Schule hat sich verändert und sucht immer wieder neu nach Zielen und Formen. Zudem sind viele Zusammenhänge medizinisch-neurologischer und pädagogisch-psychologischer Art unterdessen erforscht und können als Bestätigung des zum Teil nur intuitiven Wirkens Scheiblauers, des Faches und der Methodik Rhythmik an sich, aber auch für seine Notwendigkeit herangezogen werden.

Die große Persönlichkeit Scheiblauer, die Künstlerin und Pädagogin, die durch ihre Nähe und ihren schöpferischen, wandlungsfähigen Rhythmikunterricht viele Menschen bereichert, geprägt und geformt hat, wirkt mit ihren Anliegen und Gedanken in ihren Schülerinnen und deren Schüler weiter.

4.5 Scheiblauers Rhythmik mit Gehörlosen

1962 hatten die oben genannten Filmemacher Mertens und Marti das Krippenspiel mit gehörlosen Schülern gefilmt, das Scheiblauer ab 1943 jährlich aus dem Rhythmikunterricht heraus entwickelt hat. Eine Fassung zeigt die Bühnenaufführung, eine zweite Inszenierung spielt in einem Steinbruch. Während das Krippenspiel immer wieder, bedingt durch andere Charakteren und Darstellungskräfte der Schüler, neu erstand, hat Scheiblauer daneben andere Theaterstücke als Märchen inszeniert. Immer genügten der Körper, die Bewegung und sparsamste Requisiten und Kostüme für die Darstellung. Meist wurden neben der Bühne für die hörenden Zuschauer in kleinen Instrumentalbesetzungen von Rhythmikstudierenden Lieder musiziert und Tänze improvisiert. Insgesamt gelangten zehn verschiedene Märchen zur öffentlichen Aufführung, darunter „Schwan kleb an" und Zwerg Nase". Zuletzt wurde noch an „Tischlein deck dich" gearbeitet, das aber nicht mehr bis zur Aufführungsreife gedieh.

Alle diese Theateraufführungen waren nicht Selbstzweck sondern Ergebnis jahrelangen Rhythmikunterrichts, in dem über die Musik das Selbstvertrauen in die darstellerische Aussagekraft mit dem eigenen Körper, dem eigenen Selbst der Schüler entwickelt worden war. Raum, Zeit und Dynamik, das eigene Verhältnis dazu und der Dialog damit in der Gruppe waren vielfach erlebt, erprobt und bewusst geworden. Scheiblauer fasste die Zielsetzung dieses Unterrichts für Hörgeschädigte so zusammen:[52]

„Bei den Taubstummen hat die Rhythmik folgende Aufgaben zu erfüllen:

1. Sie vermittelt ihm die Beziehung zur Musik durch Ausbildung des Vibrationssinnes und durch körperliches Erleben der musikalischen Elemente.
2. Sie ersetzt den Ausfall akustisch-rhythmischer Elemente durch taktile und optische. Durch die vielen rhythmischen Erlebnisse wird auch der Sinn für den Sprachrhythmus geweckt, besonders dann, wenn der Taubstummenlehrer die Übungen in seinem Unterricht einzubauen versteht.
3. Sie fördert besonders das visuelle Konzentrationsvermögen durch eine Fülle von Konzentrationsübungen. Auch heute noch erfolgt ja der Unterricht in der Gehörlosenschule über das Auge.
4. Sie gibt ihm eine andere Art körperlicher und geistiger Geschmeidigkeit als dies durch das traditionelle Turnen geschieht.
5. Sie regt seine Bewegungsfantasie an, steigert und differenziert seine Ausdruckskräfte. Dadurch weckt sie den Sinn und das Verständnis für die bildenden und darstellenden Künste.
6. Sie gibt ihm eine bessere Einstellung zur Umwelt, indem sie sein soziales Verhalten fördert."

Da Scheiblauer die Gebärdensprache nicht anwendete, vertraute sie auf die Aussagekraft ihrer auch sonst im Unterricht gern eingesetzten Gesten, die eigene Mimik, die Sprache der Musik und die taktilen Zeichen. Letztere bestanden insbesondere in der manuellen Übertragung von Rhythmen und Dynamik zur Vorgabe von Fortbewegungsarten, von Rhythmen und Dynamik für instrumentale Aufgaben und von Zeichnungen für räumliche Aufgaben. Angelehnt an das Klavier und mit darauf aufgelegten Händen folgten die Kinder dem Klavierspiel der Lehrerin. So konnte Scheiblauer die Aufgaben stellen, ohne dass etwas erklärt werden musste, und eine kleine Geste forderte die Kinder zur Aufgabenlösung auf. Waren einige Schüler nicht aufmerksam, holte sie diese mit einem einzigen festen Fußstampfer wieder dazu. Mit wiederkehrenden Gesten und entsprechendem

52 Vortrag im August 1965 zur Hundertjahrfeier Jaques-Dalcroze, veröffentlicht in: „Lobpreisung der Musik", November 1965

Gesichtsausdruck zeigte sie den Beginn, das Unterbrechen oder das Ende einer Aktion an. Behutsam leitete sie die Schüler zur Verfeinerung des Vibrationssinnes an, indem die Musikwahrnehmung allmählich am ganzen Körper bewusst gemacht wurde, am Tamburin mit Händen und Lippen und allmählich in immer größer werdendem Abstand zum Klavier erfühlt wurde, bis zuletzt ein Musikhören allein über die aufgehaltenen Hände frei im Raum möglich war.

In Scheiblauers Notizen zu ihrer Arbeit mit Gehörlosen sind an unterschiedlichen Stellen die folgend zusammengefügten Äußerungen zu finden:

„Durch Musik erziehen ist auch bei Taubstummen möglich, denn der Tast- oder Vibrationssinn vermittelt die Musik. Der Tastsinn ist der primäre Sinn, das Kind wird mit dem Tastsinn geboren, in den ersten Tagen wird hauptsächlich gefühlt. Fühlen und hören lässt sich kaum voneinander trennen. Wir Hörenden empfinden die Musik gewiss ebenso stark, wie wir sie hören. Zuerst muss das Kind auf die Tastempfindung aufmerksam gemacht werden. Dann muss es lernen wie seine Empfindung in Musik umgesetzt werden kann. Es kommt darauf an, dass das Kind unmittelbar auf Musik reagieren lernt, damit ist der erste Schritt zur Musik getan. [...] Das Kind erlebt die dynamischen und melodischen Elemente mittels seines Körpers. Aufgabe ist es, dass die Seele ausgebildet werden muss. [...] Der Taubstumme, der durch seinen Defekt von der Umwelt abgeschlossen ist, dessen Seele arm ist an Eindrücken, der benötigt erst recht solche Beeinflussung. [...] Ist die Seele an Empfindungen reicher, ist der Geist durch allerlei Erfahrungen lebendiger, ist der Körper durch die körperhohe Schulung beweglicher, so wird auch die allgemeine Bildung gefördert. [...] Es kommt auf den Charakter der Musik an, nicht auf die Notenwerte. [...] Wichtiger als alles Wissen zu Notenwerten und sonstigen musikalischen Begriffen ist das unmittelbare Umsetzen von Empfindungen in entsprechende Körperbewegung.“

Trotzdem waren auch musiktheoretische Themen wie u. a. Notenwerte ein stetiger Inhalt in den Rhythmikstunden von Scheiblauer. Damit sollte der Spracherwerb unterstützt und vertieft sowie das Sprachverständnis verbessert werden. Durch die enge Zusammenarbeit mit dem Sprachlehrer der Gehörlosenschule in Bremen entwickelte sie die Vor- und Begleitungsübungen zum Sprachunterricht, in denen Dynamik, Tempo, Rhythmus und Tonfall der gesprochenen und zu lernenden Worte und vor allem Sätze auf vielfältige Weise mit dem ganzen Körper erlebt, vorbereitet und geübt werden konnten und an die der Sprachlehrer in seinem Unterricht wieder anknüpfen konnte.

Teil II

Anregungen für die Praxis

Fast jede der folgenden Anregungen könnte in mehreren Unterkapiteln stehen. Denn wie man auch immer die einzelnen Bereiche der Rhythmik bezeichnen mag, nicht die aufgeführte Situation an sich ist für eine Zuordnung zu einem Kapitel entscheidend, sondern das vorrangige Ziel, das die Lehrperson damit anstrebt. Wir haben versucht, so weit wie möglich Wiederholungen zu vermeiden. Auswahl, Zusammenstellung und Anpassung an die Schülergruppe wird immer wieder neu sein müssen. Als Hilfe für die Suche nach einzelnen Inhalten ist deshalb auch das Register im Anhang gedacht.

1. Bewegung

1.1 Grundbewegungsarten und ihre Varianten

Laufen

Anlässe zum Kennenlernen und Üben der Fortbewegung im freien Raum:

- Die Sch stehen am Rand des Raumes. Die L bringt nun kleine Apfel- oder Möhrenstücke in einem offenen Gefäß und läuft damit schnell und wendig kreuz und quer durch den Raum. Wer von der L auf der Schulter berührt wird, kann sich ein Stückchen nehmen, d. h. er muss hinter oder um die L herum rennen, weil sie nicht stehen bleibt und das Gefäß in alle Richtungen führt. Oder beim gleichen Spiel versuchen alle Kinder unaufgefordert, sich ein Stückchen herauszuholen, ohne dabei die anderen Kinder und die L zu berühren. Dadurch lernen die Sch, sich vorsichtig und trotzdem schnell zu bewegen.
- Anstelle der Naschereien kann dasselbe Spiel (je nach Erfahrung der Kinder) mit ausgebreiteten Händen der L, einem Tamburin oder einem hängendem Becken gespielt werden, worauf die Sch einmal mit der Hand (leicht) schlagen. Ist das Spiel bekannt, kann auch ein Kind mit dem Instrument laufen.

- Platzwechselspiele: Die Sch sitzen am Rande des freien Raumes (auf Stühlen, Hockern oder Teppichfliesen) und tauschen nach verschiedenen Regeln die Plätze. Beispielsweise, wer von der L angeschaut wird, wer den Blick mit jemandem tauscht, wer ein Kleidungsstück in der aufgehaltenen Farbe anhat. Oder es gibt einen zusätzlichen leeren Platz, auf den sich schnell jemand setzt, sodass wiederum sein Platz frei wird für den nächsten Läufer.
- Für Sch, die lesen und zählen können: Im Raum stehen drei bis sieben Stühle kreuz und quer verteilt, die verschieden gekennzeichnet sind und an denen möglichst schnell in der richtigen Reihenfolge vorbei gelaufen wird. Die Reihe kann bestehen aus Zahlen (1–7 oder 10–70 oder 7–14–21) oder aus Teilen des ABC oder aus einzelnen Silben eines Wortes oder einzelnen Worten eines Satzes (Achtung: Die Kennzeichnung wird an die Lehne geheftet oder in einer Spalte festgesteckt, sodass das Schriftbild senkrecht steht und richtig gelesen werden kann). Wissen die Sch die Reihenfolge, werden die Stühle weggestellt und sie gehen die Wege nur noch aus der Erinnerung.
- Fangen spielen in der Form, dass jeder jeden versucht, am Körper zu berühren ohne selbst erwischt zu werden. Zur Erschwerung wird die Körperstelle festgelegt (Rücken, Ellenbogen, Knie).
- In der Raummitte steht eine Conga, eine große Pauke oder ein großes Becken auf einem Ständer. Die Sch sitzen oder stehen am Rand und immer nur einer schlägt einmal auf das Instrument. Zuerst der Reihe nach, dann in freier Reihenfolge. Als Ordnungshilfe, später aber auch zur Reaktions- und Aufmerksamkeitsschulung, ordnet die L (oder ein Sch) das Spiel durch Blickkontakt zu dem Sch, der dran ist; Variation durch Berührung, durch Zeigen, mit aufgehaltenen Namensbildern. Je schneller und aufmerksamer die Sch sich bewegen, desto unverhoffter und öfter werden die Zeichen gegeben.

Nach Spielen dieser Art ist der Übergang zur Nutzung des freien Raumes, das Sich-kreuz-und-quer-Bewegen und Laufen, verständlich. Das rücksichtsvolle Aufeinander-Achten und sich nicht Anzustoßen wird dabei geübt und ist Voraussetzung für alle weiteren Unterrichtsziele. Gleichzeitig wird in diesen Spielen ständig eingebaut, die Bewegung zu unterbrechen, um bewusst zu machen, wie und wann man sich fortbewegt. Die Unterbrechung wird von der L angezeigt etwa durch ein Handzeichen (Stopp-Zeichen), ein aufgehaltenes Tuch oder durch einen kräftigen Stampfer auf den

Boden. Eine Unterbrechung kann sein: Stehen bleiben, sofort stehen bleiben und nichts bewegt sich mehr, auf einem Bein stehen bleiben, sich auf den Boden setzen, etc. Auch mehrere Anhaltevarianten können gekoppelt werden: Ein rotes Tuch bedeutet auf einem Bein stehen bleiben, ein blaues zeigt das Sitzen auf dem Stuhl, beim grünen hält man sich zu zweit fest, etc.
Laufvarianten:
- Vorwärts, rückwärts, seitlich mit sich überkreuzenden Füßen.
- Fersen hinten hoch schlagen.
- Knie vorne hochziehen.
- Knie vorne hochziehen und gegen die Handflächen schlagen.
- Füße und Beine gerade nach vorne strecken.
- Große, kleine Schritte.
- Arme dazu am Körper angewinkelt.
- Arme ausgebreitet und sich mit dem ganzen Körper „in die Kurven legen".

Gehen
Anlässe und Übungen ähnlich wie unter „Laufen".
Gehvarianten:
- Vorwärts, rückwärts, seitlich mit sich überkreuzenden Füßen.
- In Zeitlupe gehen.
- Knie vorne hochziehen.
- Knie vorne hochziehen und gegen die Handflächen oder ein vor dem Bauch waagrecht gehaltenes Tamburin schlagen.
- Große, kleine Schritte: Bis größt- und kleinstmögliche Schritte je in schnellstem oder langsamstem Tempo.
- Schleichen
- Stampfen
- Gehen auf Zehenspitzen, auf den Fersen.
- Entenwatscheln: Fortbewegung in Hocke.
- Gehen und sich dabei an den Knien oder Knöcheln festhalten.
- Zum Gehen die Arme weit ausbreiten, pendeln lassen oder drehen (große Armkreise vorwärts oder rückwärts).
- Passgang (rechter Fuß und rechter Arm gehen gleichzeitig nach vorne).
- Gehen und klatschen: Im gleichen Puls (ca. ab dem 7. Lebensjahr möglich), laut oder leise, schnell gehen und langsam klatschen oder umgekehrt, leise gehen und laut klatschen oder umgekehrt (schwierig!).

– Gehen und zwischen jedem Schritt ein Knie hochziehen und so unter dem Bein in die Hände klatschen.

– Nachstellschritte: Ein Fuß vorne und der andere wird nachgezogen und angestellt. Dasselbe seitlich.
– Wiegeschritte: Vor dem nächsten Schritt wird das Gewicht leicht auf den hinteren Fuß verlagert. Das ergibt den Rhythmus:

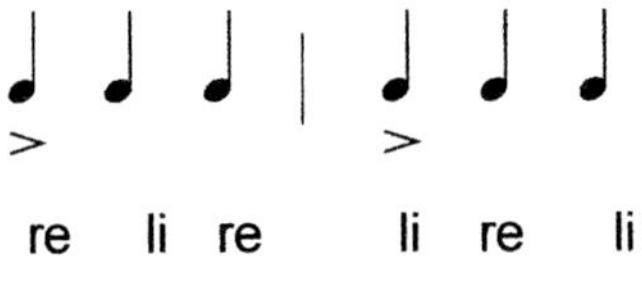

Hopsen und Springen

Noch bevor das Kleinkind laufen lernt, übt es sein Gleichgewicht im Stehen, indem es sich mit beiden Händen an einem Gegenstand oder an einem Erwachsenen festhält. Dabei wippt es in den Knien, stößt den Körper aus den Beinen nach oben und kräftigt damit die Beinmuskulatur. Daraus wird später das Hopsen, der Sprung auf beiden Füßen gleichzeitig, wobei anfangs ohne Abstützung oder Hilfe eines Erwachsenen noch kaum die Füße vom Boden abheben. Der Rhythmus ist:

♪ ♩.

Das Springen von einem Fuß auf den andern stellt sich früh ein, weil sich für das Kind, sobald es laufen kann, ständig Situationen ergeben, wo es Lust hat, einen kleinen Sprung zu machen (vom Bordstein, in eine Pfütze). Das ergibt den Rhythmus:

♪ | ♩.

Anlässe und Varianten:

- Hopsen am Platz oder vorwärts, rückwärts, seitlich.
- Über einen Strich oder in einen Kreis, Reifen hinein (und hinaus) hopsen oder springen. In eine „Pfütze" springen, sodass es mächtig spritzt.
- Auf etwas (Holzblock, Bank) steigen oder klettern und herunterspringen.
- Froschsprung: Hocken am Boden mit Gewicht auf den Füßen und die Händen liegen unbelastet vor den Füßen, dann auf beiden Beinen mit weit nach oben gestreckten Armen hochspringen und wieder auf beiden Füßen landen (die musikalische Betonung liegt auf dem Moment in der Luft).

- Hasensprung (ab ca. 3. Lebensjahr möglich): Hocken am Boden mit Gewicht auf den Füßen und die Hände liegen unbelastet vor den Füßen, dann die Händen nach vorne aufstützen und die Füße geschlossen nachholen (die musikalische Betonung liegt auf den aufgesetzten Händen).

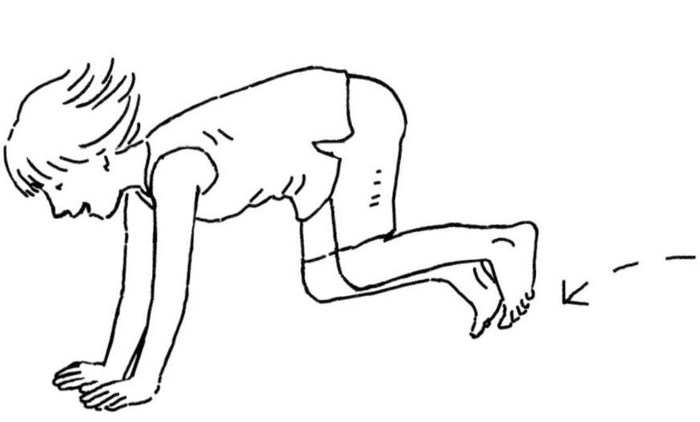

- Auf einem Bein an Ort oder vom Platz weg hopsen (wird umgangssprachlich „auf einem Bein hüpfen“ genannt).
- Über hingestellte oder sich vorgestellte Gegenstände oder über Gräben springen. Vorwärts, rückwärts, seitlich. Mit und ohne Anlauf.
- Erst auf ein vereinbartes Signal hin aus dem Laufen oder Gehen heraus einen einzelnen Sprung machen.
- Weit springen, hoch springen, dabei Beine strecken, spreizen oder hochziehen.
- Springen von einem Bein auf zwei, von zwei auf eins.
- Springen und sich gleichzeitig drehen.
- Mit den Armen Schwung geben.
- Während des Sprungs in die Hände klatschen.
- Während des Sprungs mit dem einen Fuß den anderen anstoßen.

Galoppieren

Steht diese Gangart den Sch nicht (mehr) zur Verfügung, wird das Gehen mit Nachstellschritten probiert, d. h. derselbe Fuß bleibt vorne. Bei der Steigerung des Tempos und locker hochgezogenen Knien wird daraus ein gesprungener Nachstellschritt, der Galopp; der im früheren Alter schon einmal entwickelte Automatismus wird wieder ausgelöst. Es ergibt sich der Rhythmus:

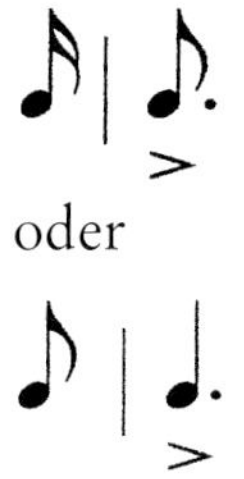

- Langsame und hohe oder schnelle und kleine Galoppsprünge.
- Bewusst das andere Bein als Sprungbein benutzen.
- Seitlich mit gestreckten oder gebeugten Beinen.
- Arme dazu kreisen und damit Schwung in die Höhe geben.

Hüpfen
Das so genannte Kinderhüpfen ist ein abwechselndes Aufhüpfen auf dem rechten und linken Fuß, wodurch sich ein punktierter Rhythmus ergibt:

oder

Bei Jugendlichen und Erwachsenen ergibt sich eher:

Technische Voraussetzung für das Hüpfen ist das Stehen-Können auf dem einen wie auf dem anderen Bein und darauf Hopsen-Können.

- Weite oder kurze, flache oder hohe Hüpfer.
- Arme locker lassen, sodass sie einfach mitpendeln.
- Mit den Armen Schwung für einen hohen und weiten Hüpfer geben (rechter Arm für linkes Bein nach oben schwingen und umgekehrt).
- Sehr schnelles, „spitzes“ oder langsames, gedehntes Hüpfen. Arme entsprechend gegengleich hochziehen oder nach vorne/hinten ausstrecken.
- Sich gleichzeitig drehen.

Wechselgangarten und „Kunststücke“

- Alle Gangarten im Wechsel ausführen.
- Gangarten wechseln auf ein Signal hin oder in vorgegebenen Zeitabständen.
- Hochgehaltene Tücher in verschiedenen Farben kennzeichnen die Gangart (z. B. grün heißt hüpfen, blau gehen, gelb rennen).
- Zu zweit oder mehreren ohne Festhalten und ohne Absprache sich nebeneinander in wechselnden Gangarten und Tempi bewegen.
- Entweder gradlinig oder in kurvigen Raumwegen sich durch den Raum bewegen. Die Art des Raumweges wird vorgegeben durch Hochhalten einer Zeichnung oder durch Zeigen von Gegenständen: Ein Seil bedeutet z. B. kurvige Wege und ein Stab geradlinige.
- Gangarten auf verschiedenen Raumwegen ausführen (Geraden, Kurven, Rechtecke, Kreise, Spiralen).
- Freies Improvisieren auf einem festgelegten Raumweg, welcher zuvor aufgezeichnet, benannt oder gezeigt wurde.
- Einteilung des Raumes durch Stäbe oder Klebefolie und in jedem Feld eine andere Gangart realisieren. Variationen: Unsichtbare Einteilung, Gangart mit einem neuen Tempo beibehalten.

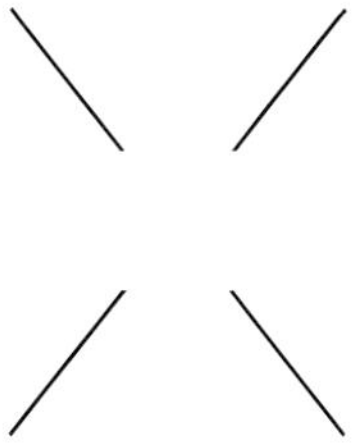

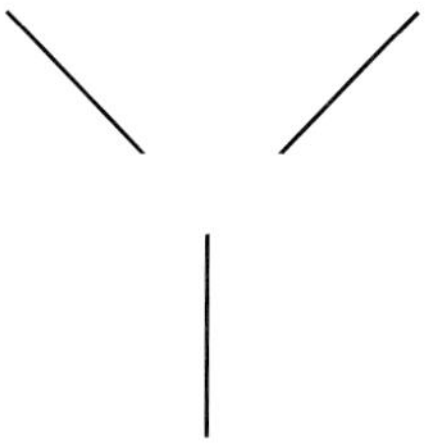

- Sehr schneller Richtungswechsel einer Gangart nach folgenden Zeichnungen:

↑ ↓ → ←

- Abwechselnd galoppieren und hüpfen in freiem Wechsel. Zusätzlich jedes Mal den Galopp auf dem anderen Sprungbein ausführen.
- Galoppieren und dazwischen einen Hüpfer einflechten.
- Hüpfen und dazwischen einen Galoppsprung einflechten.
- Galoppieren auf die eine Seite, am Ende einen Hüpfer einsetzen und dadurch auf die andere Seite zurückgaloppieren.

- Seitgalopp in eine Richtung und sich dazwischen mit einem Hüpfer umdrehen, sodass der Galopp in die gleiche Richtung, aber mit dem anderen Bein weiter geht.
- Sich über den Boden rollen als lange Rolle oder als Päckchen.
- Purzelbaum nach hinten.
- Radschlagen aus dem Stand oder aus dem Hüpfen heraus.

1.2 Grundbewegungsarten und Musik

- Die Sch fahren mit imaginären Lenkrädern in den Händen wie Autos durch den Raum, ein Sch spielt den „Verkehrspolizist", der mit Handzeichen die Autos stoppen und weiterfahren lässt. Die L folgt ihm mit der Musik.
- Im Raum sind an verschiedenen Orten improvisierte Bushaltestellen aufgebaut. Einige Sch stellen Busse dar und bleiben an den Haltestellen stehen, damit die andern „ein–" oder „aussteigen" können. Der Bus fährt in einer Schlange hintereinander weiter durch den Raum. Die L am Klavier folgt einem Bus mit der Musik oder gibt mit ihr an, wann eine Haltestelle angefahren werden soll.
- Während sich der Sch bewegt, klopft ihm die L den entstehenden Rhythmus mit einer lockeren Hand auf den Rücken oder auf eine Schulter.
- Zwischen dem Ausführen einer Gangart wird immer wieder der entsprechende Rhythmus und das Tempo an einer Trommel oder am Klavier über den Körper wahrgenommen.
- Die L nimmt die Gangart eines einzelnen Sch mit dem Instrument exakt in Tempo und Rhythmus auf und unterbricht auch, wenn der Sch stehen bleibt.
- Die L spielt die Gangart gleichzeitig zur Bewegung der Sch auf dem Instrument. Ein Sch sitzt nahe dabei und zeigt die Unterbrechungen in der Musik (Stopps) mit der Hand für die andern an.
- Je nach Hörresten, taktilen Wahrnehmungsmöglichkeiten und Stand der Schulung sollen die Sch später die Musikstopps während der Bewegung selbst hören.
- Selbst den eigenen Rhythmus und das Tempo nachträglich oder vorneweg auf einer Trommel spielen.
- Das Tempo und den Rhythmus einer Gangart vom Klopfen der L auf den Rücken oder auf eine Tommel in die Bewegung übernehmen.

- Ein Sch gibt am Rand stehend die Bewegungen vor, die die andern im Raum umsetzen. Ein zweiter Sch übernimmt die passende Musikuntermalung oder, sofern möglich, die exakte Musikbegleitung.
- Einige Sch klatschen die Fußbewegungen mit, die die andern beim Hüpfen, Laufen und Gehen machen.
- Stillstehen, sobald Musik erklingt, und umgekehrt im Raum gehen, sobald die Musik schweigt.
- Laute und leise Musik in der Bewegung umsetzen: Laut stampfen oder leise schleichen, leichte Sprünge oder kräftige Hopser.
- Kleine, bunte Gummimatten liegen verteilt im Raum und bei „Stopp“ stellt sich jeder Sch auf eine Matte. Als Weiterführung kann eine farbige Flagge anzeigen, auf welche Matte man sich bei „Stopp“ stellen soll (evtl. zu mehreren auf einer Matte). Variante ähnlich wie die „Reise nach Jerusalem“: Zuerst sind so viele Matten wie Sch vorhanden – beim nächsten Stopp nimmt die L (heimlich) eine weg – wer ab dann jeweils beim Anhalten keine Matte findet, nimmt eine weg und macht weiter mit – dadurch versammeln sich immer mehr Sch an einem Ort.

1.3 Spiel und Bewegung mit Geräten

Reifen

Möglichkeiten für die L, den Reifen ohne Anweisungen ins Spiel zu bringen: – Einen Reifen „tanzen“ lassen (senkrecht gehalten andrehen) oder in den Raum rollen – jedem Sch nacheinander einen Reifen zu- oder wegrollen – mehrere Reifen als „Paket“ in den Raum rollen – einen Reifen zu einem Sch schieben.

- Den Reifen andrehen und abwarten bis zum Stillstand.
- Den Reifen schieben und auf ein visuelles Signal vorsichtig ablegen.
- Reifen allein rollen oder mit einem Partner.
- Den Reifen rollen und durchschlüpfen oder darum herum laufen, während er rollt.
- Vor- und Nachmachen von langsamen Auf- und Abwärtsbewegungen.
- In einen tanzenden Reifen springen.
- Zur Musik im Raum herumhüpfen, ab und zu in einen Reifen springen ohne gegen jemanden zu stoßen.
- Die L hält einen Reifen waagerecht um die Hüfte eines Sch und geht oder läuft damit durch den Raum. Der Sch reagiert so schnell, dass er in der Fortbewegung den Reifen nie berührt.

- Jeder Sch bindet ein Seilende um einen gemeinsamen Reifen. Es halten alle Sch ihr Seil am anderen Seilende fest und gemeinsam wird der Reifen in die Luft gehoben und durch den Raum befördert. Als Variation kann sich ein Sch in den Reifen stellen und darf diesen nicht berühren, seine Mitschüler führen ihn so durch den Raum. Oder der im Reifen stehende Sch gibt die Laufrichtung vor und alle andern müssen schnell reagieren und folgen.

Reifenweg
Mehrere Reifen werden in gerader Linie (möglichst auf der Raumdiagonale) hintereinander zu einem „Weg“ gelegt. Sind die Reifen farbig, werden sie in wiederkehrender Reihenfolge geordnet.

- Die Sch sitzen auf ihren Plätzen, stehen in einer Reihe oder sitzen nebeneinander auf einer langen Bank. Der Reihe nach läuft jeder Sch in frei gewählter Bewegung durch den Weg. Achtung, der Reifenweg ist eine Einbahnstraße und zurück zum Anfang gelangt man außen herum.
  Meist ergibt es sich fast von alleine, dass die gewählte Bewegungsart von Anfang bis Ende des Weges durchgehalten wird. Als Weiterführung kann ein Sch ein Bewegungsmotiv vormachen, welches alle andern imitieren.
- Die Sch gehen im frei gewählten Tempo durch den Reifenweg und erleben an der passenden musikalischen Begleitung von der Trommel oder dem Klavier, dass ihre eigene Bewegung und die Musik eine Einheit ergeben.
- Ein Sch nimmt das Bewegungstempo (evtl. zugleich die Gangart) von der Trommel oder vom Klavier auf und legt in genau diesem Tempo den Weg zurück.

Reifen und Kugel

- Jeder Sch hat einen Reifen auf dem Boden vor sich liegen und rollt darin eine Kugel: Anhalten mit einer oder beiden Händen, schnell oder langsam, Richtungen wechseln, Hände wechseln.
- Als Weiterführung rollt eine Hand und die andere liegt auf einer Handtrommel am Boden. Über die Handtrommel wird die gleichzeitig von der L gespielte große Trommel gespürt, die bei einem ausgewählten Sch jedes Anstoßen der Kugel mit einem Schlag als Begleitung aufnimmt oder für alle einen regelmäßigen Impuls zum Anstoß angibt. Eine Va-

riante könnte auch sein: Bei jedem Impuls wird die Kugel angehalten und beim nächsten wieder weitergerollt.

- Jeder Sch rollt in seinem Reifen nacheinander die Gegenstände: Kleine Kugeln, große Kugeln, kleine Bälle und Rasseldosen. Danach wird versucht, alle Gegenstände gleichzeitig zu rollen.
- Viele Reifen mit je einer Kugel liegen am Boden, ein Sch geht allein umher und versucht, alle Kugeln in Bewegung zu halten.
- Alle Sch sitzen um einen Reifen (noch besser liegt dieser Reifen auf einer Tischtrommel). Durch Blickkontakt entscheidet die L, wer die Kugel im Reifen anstößt, oder die Sch finden eine Reihenfolge. Wer an der Reihe ist, hat vielleicht ein kleines Säckchen vor sich liegen.
- Nacheinander stößt jeder Sch die Kugel im Reifen an und wartet, bis sie ausgerollt ist und ihre zurückgelegten Runden werden gezählt und notiert. Nach einigen Durchgängen rechnen die Sch ihr Endergebnis aus.
- Eine Zeichnung von der Tafel gemeinsam ablesen. Die L oder ein Sch zeigt, wo man sich befindet. Ein kleiner Kreis bedeutet, die Kugel von einer in die andere Hand zu rollen, beim großen Kreis rundherum. Oder ein kleiner Kreis bedeutet, die Kugel rollt einmal herum, beim großen zweimal.

●●●●○ ●●●○ ●●○●○

Ball

Möglichkeiten für die L, Bälle ohne Anweisungen ins Spiel zu bringen: – Einen Ball mitten in den Raum auf den Boden werfen – viele Bälle aus einem Korb ausschütten – jedem Kind einen Ball zurollen oder -werfen – einen kleinen Ball überraschend aus dem Ärmel herausrollen oder aus der umgestülpten Hosentasche hüpfen lassen.

- Große und kleine Bälle rollen, hüpfen lassen, prellen, balancieren, hochwerfen, wegwerfen, zuwerfen, auffangen, drehen.
- Spiel alleine, paarweise oder in der ganzen Gruppe mit einem oder mehreren Bällen.
- Spiel mit beiden Händen, mit einer oder der anderen Hand, mit rechter und linker Hand im Wechsel.
- Spiel im Gehen: Frei, bei jedem Schritt den Ball unter den Beinen durchrollen, bei jedem Schritt den Ball unter dem freien Bein durchwerfen, gleichzeitig einen Schritt setzen und den Ball auf den Boden prellen, abwechselndes Schritt-Ballprellen.

- Viele Bälle im Raum rollen und in ständiger Bewegung halten, es darf allerdings kein Ball die Wand anstoßen.
- Einen Ball auf einer Handtrommel balancieren und so Hindernisse wie Bänke oder sogar umgedrehte Bänke (Schwebebalken) überwinden.
- Rhythmusmotive mit einem Ball prellen.
- Mit einer Hand einen Ball und mit der anderen Hand eine Kugel durch den Raum rollen ohne eines zu verlieren.
- Ballmassage: Ein Sch liegt bäuchlings auf dem Boden und die L oder die andern Sch rollen verschiedene Bälle über seinen Rücken, Arme und Beine. Leichte Bälle kann man auch auf dem Rücken hüpfen lassen.

Seil

Möglichkeiten für die L, das Seil ohne Anweisungen ins Spiel zu bringen: – Das Seil an einem Ende gehalten hinter sich herziehen, drehen oder schlängeln lassen und so dem Sch übergeben – schnell eine Figur damit auf den Boden legen – wie eine Schlange aus einer Handtrommel langsam herausziehen.

- Das Seil an einem Ende gehalten schlängeln oder kreisen lassen, in Wellen bewegen, frei oder nach visuellen Vorgaben bewegen.
- Ebenso und die L malt die Bewegung gleichzeitig mit lockerer Hand auf den Rücken des Sch als Verdeutlichung durch die Übertragung oder als Vorgabe zur Umsetzung.
- Ein oder zwei Seile zwischen zwei Sch locker spannen und Wellen- oder Kreisbewegungen finden.
- Kutscher und Pferd mit einem Seil spielen. Das „Pferd“ hält je ein Seilende in einer Hand und der „Kutscher“ fasst hinter ihm mit beiden Händen in der Seilmitte an, so kann der Kutscher Richtungswünsche deutlich machen und das Pferd behält seine Bewegungsfreiheit.

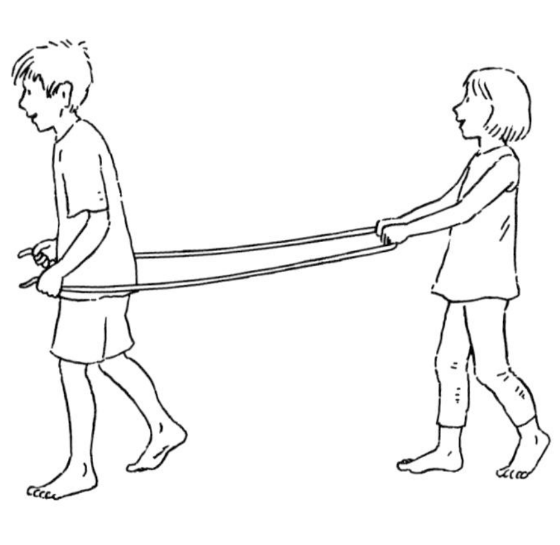

- Ein Ende eines langen Seiles (oder zwei aneinander geknotete Seile) ist an einem festen Gegenstand (z. B. Heizungsrohr) angebunden oder ein Sch hält es fest. Die L hält das andere Ende und bringt es in eine ruhige Bewegung wie Wellen, hin und her oder Kreise (sog. „schwingendes Seil“). Nacheinander laufen die Sch über oder unter dem Seil von der einen zur anderen Seite. Die L passt das Tempo und die Weite jeweils dem einzelnen Sch an, sodass jeder auf seine Art die Aufgabe lösen kann, dadurch individuell seinen Bewegungsfluss erfährt und später sich dem durch das Seil vorgegebenen Rhythmus anpassen lernt.
- Als Variation können zwei Sch gleichzeitig nebeneinander laufen oder bei jedem zweiten Schwung ist der nächste Sch dran. Später kann auch über das Seil gesprungen, im schwingenden Seil mehrmals hochgesprungen oder zum Hüpfen hinein gesprungen werden.
- Natürlich kann auch die L mit einem Sch oder zwei Sch das Seil drehen. Damit ist der oder sind die Sch gefordert, auf seine Mitschüler zu achten, sich evtl. ihrem Tempo anzupassen oder entgegenzugehen, auch, wenn nötig, schnell zu reagieren und das Seil loszulassen.
- Seilspringen am Ort und in der Fortbewegung mit den verschiedensten Sprungarten vom Laufen bis zum Hüpfen.
- Seilknoten probieren oder spezielle Knotentechniken anwenden.
- Auf einem gestreckt hingelegten Seil balancieren („Seiltanz“), vorwärts, rückwärts, mit geschlossenen Augen.
- Seile zu Figuren formen: Kreis, Herz, Brezel, Schnecke. Vielfältiger und ausbaubarer sind abstrakte Formen.
- Ein Sch zeichnet seinem Partner eine Figur auf den Rücken, der diese mit einem Seil nachlegt.
- Ein Seil wird in einer einfachen Form auf den Boden gelegt. Ein Sch geht (barfuß) mit geschlossenen Augen darauf entlang und zeichnet nachher die Figur auf eine Tafel oder legt ein zweites Seil in dieselbe Form.
- Quer liegen mehrere Seile gestreckt, in regelmäßigen Abständen von etwa 40 Zentimetern, wie Stufen einer Leiter hintereinander. Die Sch gehen darüber, ohne die Seile zu berühren. Ist nach einigen Wiederholungen ein lockeres Schreiten erreicht, wird die Aufgabe rückwärts, mit geschlossenen Augen oder mit einem Ball balancierend wiederholt.

Stuhl

– Den auf dem Boden liegenden Stuhl schieben, als „Auto“ oder „Roller“ benutzen.
– Mit Stühlen bauen; beispielsweise einen Raum, in dem man eng zusammenkommt, um ein neues Instrument kennenzulernen oder ein nachher benötigtes Bild anzuschauen.

Tuch

Möglichkeiten für die L, das Tuch ohne Anweisungen ins Spiel zu bringen: – Während des Gehens im Raum jedem Sch ein gefaltetes Tuch auf den Kopf legen – Tuch geöffnet dem Sch zuwerfen – ein Tuch nach dem andern ungezielt möglichst hoch in den Raum werfen. (Ist ein Sch mit der erhaltenen Farbe nicht einverstanden, kann er nur von sich aus mit einem andern Sch tauschen).

– Tücher hochwerfen und auffangen, zuwerfen, drehen, schwingen, beim Laufen im Raum flattern lassen.
– Mit zwei oder mehr Tüchern „jonglieren“.
– Tuch zu verschiedenen Formen falten: Größere und kleinere Quadrate, Rechtecke und Dreiecke, ein Schiff oder einen Herbstdrachen.

– Nacheinander werden die ausgebreiteten Tücher zu einem bunten „Flickenteppich“ oder freieren Bildern aneinander gelegt. Die Reihenfolge der Tuchfarben werden dabei von den Sch frei gewählt, von der L vorgegeben (durch Worte, Kärtchen o. ä.) oder durch eine vorher von einem Sch oder der Gruppe selbst gefundene Regel bestimmt (z. B. rot-blau-gelb-grün).
– Tuch mit Ball kombinieren: Mit dem Tuch den Ball rollen, einen auf das Tuch gelegten Ball über den Boden ziehen und dabei so schnell wie möglich laufen, einen Ball auf einem zwischen zwei Sch aufgespannten Tuch rollen oder hüpfen lassen.
– Luftzug spüren: Die Sch liegen bäuchlings oder sitzen mit geschlossenen Augen auf dem Boden, während die L oder ein Sch mit einem Tuch um sie herumwedelt, ohne sie zu berühren.

Handtrommel

Möglichkeiten für die L, die Handtrommel ohne Anweisungen ins Spiel zu bringen: – jedem Sch eine Handtrommel (genietet und ohne Schrauben) zurollen oder zuschieben – eine Trommel „tanzen“ lassen (senkrecht gehalten andrehen) – einem Sch eine Trommel auf den Kopf legen – mit einer Trommel von einem Sch zum anderen gehen und darauf etwas klopfen lassen – jedem Sch etwas vorklopfen und von ihm nachklopfen lassen oder eine „Antwort“ geben lassen.

- Handtrommel rollen, wegrollen, zurollen oder tanzen lassen.
- Über die weggerollte Trommel hin- und herspringen. Neben einer Trommel hergehen bis sie sich gar nicht mehr bewegt.
- Am Boden liegend spüren, wie ein anderer Sch mehrere Handtrommeln zuerst rollt und sie danach alle einmal andreht und wartet, bis alle wieder liegen.
- Die Wege beobachten, die eine (oder mehrere weggerollte Trommeln gleichzeitig) im Raum zurücklegt.
- Wege ablaufen, welche die Trommeln vorher auf dem Boden gerollt sind.
- Die Handtrommel auf dem Kopf balancieren.
- Einen Tennisball auf der Handtrommel mit beiden Händen tragen oder mit verschiedenen Körperteilen über den Boden schieben.
- Einen Trommelturm bauen.
- Ein Seil um eine am Boden liegende Trommel legen. Die Trommel mit einem darauf gelegten Ball (oder anderen Dingen) an beiden Seilenden ziehen.

Schlaghölzchen

Möglichkeiten für die L, die Schlaghölzchen ohne Anweisungen ins Spiel zu bringen: – Jedem Sch ein oder zwei Hölzchen zurollen – ein Hölzchen nach dem andern in den Raum rollen – mehrere Hölzchen gleichzeitig in den Raum rollen – mit einem Hölzchen ein anderes anstoßen und so dem Sch übergeben zum Weiterrollen – mit einem Paar Hölzchen klopfend zu einem Sch gehen und sie ihm übergeben zum Weitergehen und Weitergeben.

- Ein Schlaghölzchen anstoßen und darüber hin- und herspringen.
- Verschiedene Rolltechniken für ein oder mehrere Hölzchen ausprobieren.
- Ein Stäbchen oder einen Tennisball auf einem Schlaghölzchen liegend balancieren, hinstellen, weitergeben.
- Formen im Raum entstehen lassen durch gemeinsames Anstoßen von Hölzchen:

1.4 Erweiterung des Bewegungsrepertoires und Gestalten mit Bewegung

Spielgeräte als Hilfsmittel

- Sich paarweise mit einem im Spiel erkundeten Gerät (s. o.) bewegen, z. B. halten die Zwei mit beiden Händen einen Reifen zwischen sich und dürfen ihn nur zum Umgreifen loslassen.
- Gegenstände in der Bewegung beobachten, z. B. eine rollende Kugel, ein fallendes Tuch, einen hüpfenden Ball, einen rollenden Reifen. Gleichzeitig oder anschließend diese Bewegung mit den Händen, den Armen oder dem ganzen Körper nachahmen. Als Variation wird in Kleingruppen gearbeitet, um dann den Anderen die kleinen Choreographien vorzuführen oder als Rätsel um einen heimlich erdachten Gegenstand aufzugeben.
- Kreuz und quer zwischen im Raum verteilt stehenden Stühlen unterschiedlich schnell „segeln“ (= ruhig in Bogenlinien laufen). Danach laufen die Sch ähnliche Wege im freien Raum ohne Stühle und malen sie anschließend auf oder legen die Linien mit einem Seil auf den Boden,

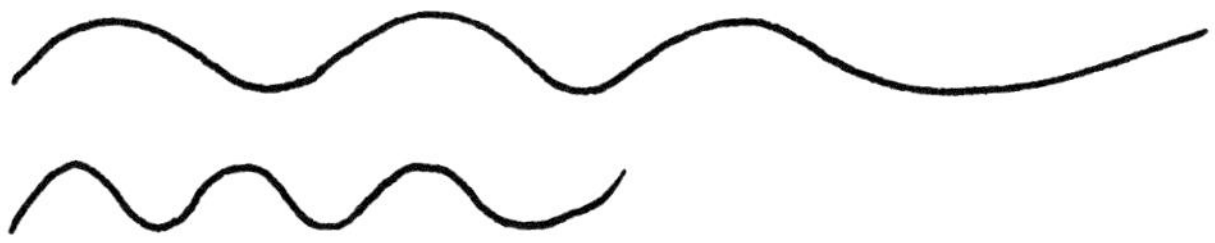

oder bewegen nur die Arme in dieser Art.

- Ein Seil gestreckt und eines in Wellenform auf den Boden legen:

Die zwei Seile anschauen und zwei unterschiedliche Stücke am Klavier erleben, die Stücke zu den Seilen ordnen und mit zwei verschiedenen Bewegungen hinterher darstellen.

- Mehrere Stühle stehen in einer Reihe nebeneinander. Ein Sch geht über die Sitzreihe und streckt sich dabei, klettert herunter oder dreht sich auf der Sitzfläche. Ein anderer überträgt diesen Weg in eine Zeichnung. Als Variation kann die Zeichnung am Anfang der Aufgabe stehen und der Sch absolviert den Weg nach der Zeichnung:

- Einen ruhig liegenden oder sitzenden Sch mit leichten Chiffontüchern bedecken oder mit blickdichten Tüchern zudecken (evtl. Sichtschlitz lassen), mit Stäbchen belegen oder mit bunten Post-its bekleben – nach etwas Zeit schüttelt er sich und bewegt sich so, wie seine Empfindung eben war.

Den eigenen Körper ausprobieren

- Rücken lockern durch Schütteln des gebeugten Oberkörpers.
- Einzelne Körperteile schütteln oder mit Händen beklopfen, darüber streichen. Durch die L oder einen Partner geschüttelt oder leicht und locker beklopft werden.
- Nach lebhaften Übungen zeigen, wie man sich auf einem Stuhl schlafend stellen kann und die gefundene Stellung einige Zeit durchhalten, bis man „geweckt“ wird.

- Einzelne Körperteile abwechselnd anspannen und entspannen.
- Besondere Körperhaltungen oder Fortbewegungsarten erfinden, vor- und nachmachen, im Tempo variieren (s. o.).
- Ein Sch zeigt eine spontan erfundene Fortbewegungsart. Die Gruppe schaut zu. Ein zweiter Sch imitiert die Bewegung, aber er verändert eine kleines Detail des Bewegungsablaufes. Was ist anders?
- Die Sch stehen im Kreis. Ein Sch macht eine Bewegung mit nur einem Körperteil (Finger, Bauch, Schulter) vor und alle machen diese möglichst genau nach, wobei evtl. auch die Haltung der ruhig gehaltenen Körperteile wichtig ist. Als Variation macht der Sch Bewegungen in Zeitlupe vor, die von allen in gewohntem Tempo nachgemacht werden, oder er entwickelt die kleine Zeitlupenbewegung weiter zu einer großen Bewegung im ganzen Raum.
- In eben genannter Übung können zusätzlich auch Begriffe wie „vorwärts – rückwärts" und „steigen – fallen" in verschiedenen Geschwindigkeiten thematisiert werden.
- Verschiedene Sitzstellungen auf dem Boden oder auf dem Stuhl finden: Schneidersitz, Fersensitz, Seitsitz, aufgestellte Füße, Arme umschlingen dabei die Knie oder ein Arm auf dem Rücken, etc. Diese Stellungen vor- und nachmachen, minimal variieren, wie kommt man am schnellsten, leichtesten oder umständlichsten von der einen in die andere Stellung?
- Geometrische Formen aufmalen und mit dem ganzen Körper im Stehen, Sitzen und Liegen alleine darstellen. Als Variation schauen sich zwei Sch eine Form heimlich an und bauen diese Form mit allen Körpern der Mitschüler nach.
- Begriffe wie „eng – weit" mit dem Körper darstellen. Als Erweiterung anschließend mit einem anderen Begriffspaar der Bewegung, beispielsweise hohe und niedrige Bewegungen, koppeln.
- Staccato und legato am Klavier fühlen und mit dem Körper als abgehackte und fließende Bewegungen gestalten.
- Mehrere Bewegungen gleichzeitig ausführen, z. B. gehen und klatschen und dabei mit den Hüften kreisen. Diese Bewegungsfolge nacheinander aufbauen.
- Die L malt dem Sch eine auf- und absteigende Linie auf den Rücken, die dieser danach in Bewegung darstellt:

- Die Sch bewegen sich frei im Raum und ein Sch zeigt mit seinem Körper an, ob sich alle hochstrecken oder sich besonders tief bewegen sollen. Als Weiterführung wird paarweise gearbeitet, wobei ein Sch die Raumlage (Höhe) betreffend immer das Gegenteil des andern macht. Ebenso mit anderen Begriffen wie Tempi, Dynamik und Raumweite vorgehen.
- Gemeinsam spüren die Sch wie der Gong kräftig angespielt wird und dann langsam verklingt. Diesen Weg, vom kräftigen Anschlag mit viel Spannung bis hin zum langsamen Verklingen, stellen die Sch (evtl. zuerst gemeinsam mit der L) in der Bewegung dar. Varianten durch viel oder wenig Raum, geradlinige oder kreisende Bewegungen, einzeln oder in Gruppen.
- Die Sch nehmen an der Trommel ein gleichbleibendes Metrum auf, das sie dann im Raum realisieren. Die Umsetzung mit größeren oder kleineren Schritten wird ausprobiert und die Wirkung verglichen. Indem noch die Arme in die Bewegung einbezogen werden (passend zu den Größen der Schritte oder konträr), entstehen unterschiedliche Ausdrucksbewegungen.

Statuen

- Am Ende einer Musik- oder einer Rhythmusphrase aus einer Bewegung heraus zum Innehalten in eine freie oder vorher bestimmte Körperhaltung gelangen.
- Ein Reifen liegt in der Mitte des Raumes, alle Sch bewegen sich frei. Stellt sich jemand in den Reifen und macht eine bestimmte Pose, übernehmen alle genau diese Körperstellung.
- Die Körperstellung eines vorher bestimmten oder irgendeines Mitschülers einnehmen, wenn dieser plötzlich stehen bleibt. So lange verharren, bis dieser sich weiter fortbewegt. Zusätzlich passt die L ihr Instrumentalspiel dem Ausdruck dieser Stellung an.
- Ein Instrumentalspieler lässt durch eine Unterbrechung alle Sch zu Statuen erstarren, dann geht er von einer zur anderen und formt sie mit kleinen Griffen oder durch Vormachen vorsichtig um. Es können dabei sowohl Körperstellungen als auch die Gestik und Mimik verändert werden, zusätzlich kann der Formende verschiedene Sch zusammenstellen und sie so Kontakt zueinander aufnehmen lassen. Die Statuen warten, bis die Musik wieder einsetzt und bewegen sich dann weiter. Oder vielleicht werden für wenige Sekunden die entstandenen Szenen an Ort gespielt, bevor sich alle wieder zur Musik im Raum bewegen.

2. Musik

2.1 Vibrationen

Erleben und Fühlen

- Vorbereitungen zum Fühlen: Warme und kalte Materialien werden von der L abwechselnd auf verschiedene Körperteile des Sch gelegt, z. B. Luftballons mit kaltem und warmem Wasser gefüllt, Wärmflasche und Eiswürfel. Mit geschlossenen Augen von der L über verschiedene Untergründe (Teppich, Holzboden, Gummimatten...) oder über verschiedene Hindernisse (Bank, Hocker, Holzblöcke, Seile...) geführt werden.
- Den Körper als Resonanzkörper eines Instrumentes entdecken und erleben. Voraussetzungen dafür sind eine ruhige und entspannte Atmosphäre in einer beruhigten Umgebung. Alle Instrumente, auf denen man liegen, sitzen oder an die man sich anlehnen kann, sind besonders eindrucksvoll, weil mehrere oder gar alle Körperteile angesprochen werden und jeder Sch selbst ausprobieren kann, in welcher Körperstellung, wie und wo er am besten oder liebsten fühlt. Kleinere Instrumente wie Hängendes Becken oder Blasinstrumente werden von der L angespielt und in Körpernähe des Sch gehalten (Achtung: Instrument ausklingen lassen und Pausen einlegen!).
- Die Vibrationen am Klavier mit den locker und flach gehaltenen Händen (Fingerkuppen) direkt am Instrumentenkorpus (oben, seitlich, hinten) abfühlen, während die L in ihrem Spiel zwischen lauten und leisen, hohen und tiefen, schnellen und langsamen, staccato und legato gespielten Passagen wechselt. Dann auch die Spielwechsel mit den Handrücken, dem Gesicht, dem Rücken erspüren.
- An allen vorhandenen Instrumenten die Vibrationen durch Ausprobieren selbst (alleine oder zu zweit) entdecken und erleben (s. Abb. S. 99).
- Die Gegenstände im Raum auf ihren Klang hin untersuchen, z. B. an die Tafel oder das Fenster klopfen, mit der Gardine rascheln oder einen Tisch verschieben.
- Schwingungen unterschiedlicher Musiken an kleineren Lautsprecherboxen, die man in den Arm nehmen oder auf den Körper legen kann, erleben.

Übertragung auf ein Hilfsmittel und bewusstes Erfühlen

- Am Klavier die Schwingungen mit der Handinnenfläche am Fell der auf dem Resonanzkörper stehenden Handtrommel erfühlen. Zusätzliches Fühlen am Holzrand mit den Lippen, der Wange oder der Stirn.
- Die Schwingungen ebenso direkt am Klavier, ohne die Handtrommel darauf zu stellen, spüren.
- Mit ausgebreiteten Armen bäuchlings auf dem Boden liegen und die Vibrationen von einer Trommel oder dem Klavier erfühlen.
- Die Hälfte der Sch liegt mit dem Bauch auf dem Boden, während die andere Hälfte um sie herum läuft und vorsichtig Bälle prellt.
- Auf dem Boden liegend die Vibrationen einer Handtrommel spüren.
- Auf dem Boden sitzend die Füße an die Handtrommel lehnen oder locker darauf stellen und darüber die Vibrationen vom Klavier oder der Conga erfühlen.

- Vibrationen mit den Händen auf dem Sitz eines einfachen Holz-Stuhles oder Hockers fühlen (Achtung: Nicht alle Stühle eignen sich dafür und übertragen die Schwingungen!). Zur Verstärkung kann gleichzeitig die Handtrommel mit der andern Hand an die Lippen gehalten werden.
- Auf dem Boden liegend einem großen, senkrecht angedrehten Holzreifen zusehen, wie er sich dreht bis er auf dem Boden liegt. Dann dasselbe mit geschlossenen Augen oder mit abgewendetem Blick probieren.
- Alle Sch liegen bäuchlings auf dem Boden und die L dreht einen oder mehrere Reifen im Raum. Die Sch warten ab bis alle Reifen ruhig am Boden liegen, dann steht einer auf und dreht sie neu an.
- Jeder Sch hält einen Luftballon fest und erspürt die Vibrationen eines Instrumentes oder der Musikanlage mit den Handinnenflächen, dem Kinn und den Lippen.
- Auf dem Boden sitzend mit einer Hand die Schwingungen auf der hingelegten Handtrommel spüren und gleichzeitig die andere Hand, ohne Berührung des Fells, in der Luft als „Empfänger“ halten. (Damit wird das Fühlen ohne Hilfsmittel vorbereitet.)

Erkennen und Reagieren am Instrument

- Falls die Sch nicht schon von alleine eine Reaktion zeigen, wenn die Vibration nicht mehr spürbar ist, sie dazu auffordern, dies erkennen zu geben, beispielsweise Handzeichen geben, aufschauen, sich hinsetzen, aufstehen.
- Mit einer Hand oder einem anderen Körperteil das Spiel des Klaviers fühlen und gleichzeitig mit einer Hand den Rhythmus locker mittippen. (Achtung: Das Tippen erfolgt anfangs und bei unregelmäßigem Spiel für den Hörenden immer leicht verspätet.)
- Mit einem Arm in der Luft eine Linie zeichnen, solange die Vibrationen zu spüren sind.
- Solange eine Vibration zu fühlen ist, etwas bewegen, z. B. ein Chiffontuch schwenken. Am Ende oder bei einer Unterbrechung die Bewegung direkt anhalten.
- Während die Musik erklingt (Klavier spielt in Phrasen) oder der einmal angeschlagene Gong klingt, eine Aufgabe lösen, z. B. sich mit einem Reifen bewegen, bauen, auf einem Bein stehen, eine Zeitung zerreißen.
- Die Sch liegen ruhig am Boden. Erklingt ein starker Ton, ziehen alle die Knie an den Körper, beim nächsten Ton strecken sie sich wieder. Daraus kann eine kleine Choreographie entwickelt werden, d. h. eine Bewegungsfolge wird gemeinsam festgelegt. Beispielsweise werden beim ersten Ton die Knie angezogen, beim nächsten Ton gehen alle in die Hocke, dann stehen alle Sch auf und als Abschluss setzt sich jeder auf seinen Stuhl.

Erkennen und Reagieren im Raum

- Klaviervibrationen an der Handtrommel mit zunehmender Entfernung vom Klavier spüren. Jeder entscheidet selbst, wie weit er von einer Schallquelle entfernt noch Schwingungen wahrnehmen kann.
- Mehrere Holzstühle stehen kreuz und quer im Raum verteilt. Während das Klavier spielt, probieren die Sch, an welchen Stühlen sie etwas fühlen können (bei dem Stuhl beginnen, der am nächsten beim Klavier steht).
- Fühlen der Klaviervibration frei im Raum ohne Hilfsmittel und mit offenen Händen. Beginnen sollen die Sch nah am Klavier, um sich dann schrittweise vom Instrument zu entfernen. Jeder bleibt an der Stelle stehen, an der er gerade noch die letzten Vibrationen spüren kann.
- Die Sch spüren die Klaviervibrationen (metrisches Spiel) über die Luft

und den Boden, nehmen den Puls auf und klatschen mit. Sobald sie sich sicherer fühlen, beginnen sie, den Puls der Musik mit den Füßen aufzunehmen und anschließend zur Musik frei durch den Raum zu gehen.

- Die Sch erfühlen auf den Sitzflächen der Stühle, in welchem Tempo eine Trommel angespielt wird, danach gehen sie im gleichen Tempo zuerst auf der Stelle und dann im Raum.
- Die Sch liegen mit geschlossenen Augen am Boden. Ein einzelner Sch geht in einem selbst gewählten Tempo dazwischen herum, tippelt, rennt oder stampft. Bleibt er stehen, stehen die anderen Sch auf und bewegen sich in dem vorgegebenen Tempo durch den Raum.

2.2 Musikwahrnehmung

In vielen Übungen zur Musikwahrnehmung, in denen die L eine musikalisch-rhythmische Aufgabe vorgibt, beginnt sie in jeder Übungseinheit mit der einfachsten Version. Beispielsweise kann ein rhythmisches Motiv (Muster) nicht erkannt werden, bevor ein regelmäßiger Schlag oder ein noch einfacheres Motiv verstanden bzw. wiedergegeben werden kann. Wenn die L jedes Mal sozusagen von Vorne beginnt, kann sie einerseits je nach Können die ersten Schritte schnell durchlaufen und dort weiter üben, wo die ersten Probleme auftreten, und andererseits kann sie den schwächeren Sch Gelegenheit zum Üben geben und gleichzeitig die stärkeren herausfordern.

Echospiele (Vormachen – Nachmachen)

- Sch und L stehen oder sitzen im Kreis. Die L klatscht regelmäßig im Metrum und ermuntert die Sch durch Blicke mitzuklatschen. Sind alle Sch eingestiegen, macht die L eine Zäsur und fährt mit einem neuen Tempo fort.
- Ebenso klatscht die L ein einfaches rhythmisches Motiv und wiederholt es ständig, solange bis alle Sch mitklatschen. Nach einer kurzen Unterbrechung beginnt sie jeweils mit einem neuen Motiv und steigert allmählich die Schwierigkeit. Beispiele:

- Sch und L stehen im Kreis, die L klatscht ein Mal ein einfaches rhythmisches Motiv vor und die Sch klatschen es nach. Während die Sch nachklatschen zeigt die L mit Händen auf die Gruppe, sodass die Spielregel klar wird. Nach einigen Durchgängen übernimmt ein Sch das Vorklatschen und so geht es reihum weiter.
- Als Erweiterung benutzt der Vormachende den ganzen Körper, er patscht auf die Oberschenkel, schnipst mit den Fingern, trommelt auf die Wangen, stampft, wirft die Arme in die Luft, o. ä.
- Alle Sch haben zwei Schlaghölzchen in der Hand und imitieren die Spielweise eines vormachenden Mitschülers. Die Schlaghölzchen können beispielsweise gerieben, gerollt, auf den Boden geklopft oder an den Enden aufeinander getippt werden.
- Anstelle von Schlagarten werden verschiedene Tempi oder kleine rhythmische Motive auf den Hölzchen vor- und nachgeklopft. Ebenso können andere Instrumente wie Tamburine oder Holzblocktrommeln verwendet werden.
- Alle Sch sitzen um eine Tischtrommel oder jeder hat eine eigene Trommel vor sich stehen. Ein Platz wird als „Chefplatz“ gekennzeichnet. Wer dort sitzt, gibt für alle vor, wie die Trommel angespielt wird. Ist der „Chef“ fertig, spielt er als Signal den Gong und alle Sch wechseln reihum ihre Plätze.
- Alle Sch sitzen an der Tischtrommel oder an ihrer eigenen Trommel. Alle spielen gleichzeitig in der gleichen Art und Weise: Tippen, streichen, mit der flachen Hand schlagen, schnell, leise. Sobald jemand die Spielweise ändert, machen es ihm alle nach. Jeder kann jederzeit verändern und muss sich gleichzeitig jederzeit anpassen.
- Jeder Sch hat ein anderes Instrument, ein Sch sitzt an der größten Trommel und gibt ein gleichbleibendes Metrum vor, welches ihm alle gleichtun. Reihum wird gewechselt und das Metrum ist mal schneller oder mal langsamer.
- Tempi, später kleine bis längere rhythmische Motive bis zu ganzen Phrasen vom Klavier aufnehmen und auf Instrumente übertragen.

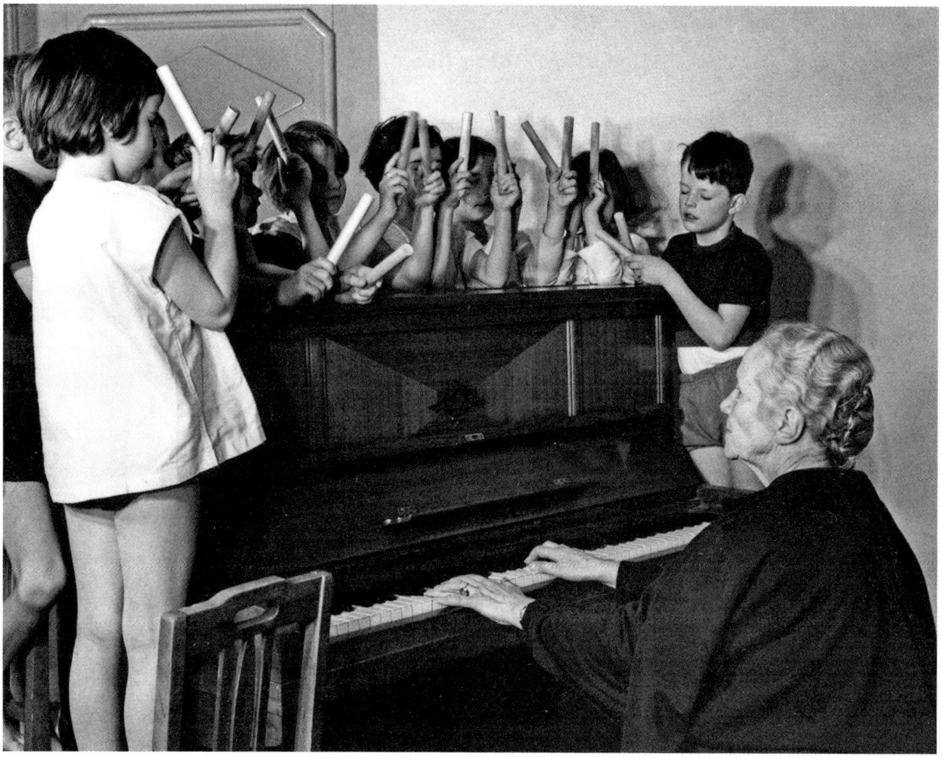

Rhythmische Motive taktil aufnehmen und umsetzen

- Die L gibt durch leichtes Klopfen auf den Rücken des Sch Tempo und Dynamik (laute und leise Notenwerte) vor, der Sch überträgt das Tempo zeitgleich auf die Schlaghölzer und berücksichtigt dabei den Unterchied zwischen laut und leise.

- Die auf den Rücken geklopften Notenwerte werden zeitgleich auf ein Melodieinstrument wie Xylophon oder Metallophon übertragen. Der Sch am Instrument wählt die Melodie frei aus und überträgt darauf die vorgegebenen Notenwerte.
- Mit geschlossenen Augen an der Hand eines anderen Sch mitgehen, dabei seine Fortbewegungsart erkennen und dann mitmachen.
- Durch Klopfen mit zwei Händen auf den Rücken wird angezeigt, ob ein Sch gehen, rennen oder hüpfen soll.
- Alle sitzen an der Tischtrommel oder an ihrer eigenen Trommel. Ein Sch steht auf und klopft auf den Rücken eines andern, wie dieser die Trommel anspielen soll (schnell, langsam, gestrichen, getupft, etc.). Nach einiger Zeit geht er zum nächsten Sch oder der nächste Sch steht auf und klopft auf den Rücken seines Nachbarn.
- Alle Sch sitzen hintereinander auf dem Boden. Der Hinterste klopft ein einfaches rhythmisches Motiv auf den Rücken seines Vordermannes.

Wie bei der „Stillen Post“ wird der Rhythmus nun weitergegeben. Der Letzte in der Reihe steht auf und klatscht vor, was er bekommen hat.

- Jeder Sch bekommt von der L entweder ein gemütliches oder ein doppelt so schnelles und immer gleichbleibendes Metrum in die Handinnenfläche geklopft. Nachdem jeder Sch sein Metrum erhalten hat, geht er in genau diesem Tempo durch den Raum. Alle, die das gleiche Tempo haben, schließen sich zusammen und die beiden Gruppen gehen solange weiter, bis die Aufgabe von der L beendet oder neu gestartet wird.
- Ebenso wird mit allen weiteren Rhythmen der Grundbewegungsarten verfahren.

Musik und Bewegung als Einheit

- Alle Sch spielen mit einem Gerät frei im Raum und halten sofort an, wenn keine Musik mehr spielt. Dies kann das Ende des Instrumentalspiels oder das Anhalten der Musikanlage sein. Zur Verdeutlichung der Aufgabe kann anfangs der Unterbrechungs- oder Endpunkt mit einer großen Geste der L begleitet werden. Später wird das Wahrnehmen einer Pause ohne visuelle Hilfe geübt. Das Stoppen der Musik aus der Anlage erfordert von der L ein gutes musikalisches Gefühl, um den richtigen Zeitpunkt der Pause zu erwischen (Phrasenende oder extra mittendrin zur gesteigerten Reaktionsschulung).
- Jeder Sch sitzt am Boden vor einem Reifen und rollt eine Kugel darin. Bei jedem Paukenschlag, der zu spüren ist – als Hilfe liegt eine Hand auf der Handtrommel oder einem Luftballon –, gibt er der Kugel einen Stoß.

- Alle Sch laufen frei durch den Raum, ein vorher bestimmter Sch stellt sich an frei gewählter Stelle vor die Gruppe und macht, wann er will, eine deutliche Geste für das Signal „Halt“ (z. B. Polizistenhand oder Stehen mit hoch gestreckten Armen). Alle andern bleiben stehen und warten, bis das Signal verschwindet. Anstelle eines Körperzeichens kann auch ein Fähnchen o. ä. hochgehalten werden oder der „Polizist“ steigt auf einen Stuhl.
- Erschwerung: Das Haltezeichen ist nur eine kurze visuell wahrnehmbare Geste und der Wiederbeginn wird mit einer neuerlichen Geste angezeigt.
- Alle Sch stehen am Klavier und die L spielt. Ein bestimmter Sch unterbricht sie mit einem Handzeichen so lange er jeweils möchte. Als Variation kann die L auch eine Musikanlage bedienen und den Pausenknopf drücken, sobald sie das Signal dafür erhält.
- Ein Sch bewegt sich in selbst gewählter Gangart von einer Ecke des Raumes in die andere. Die L beobachtet die Schritte und die Bewegungen genau und begleitet diese am Klavier. Danach stellt sich der Sch an das Klavier und spürt, welche Musik die L als Bewegungsbegleitung gespielt hat. Falls der Sch damit nicht einverstanden sein sollte, wird die Aufgabe wiederholt.
- Die Sch schauen der L zu, wie sie „staccato“ auf dem Klavier improvisiert. Sie macht die Spielbewegungen übertrieben spitz und nach oben. Dann versuchen alle Sch ihre Hände und Arme ähnlich zu bewegen und schließlich befinden sich alle gemeinsam mit spitzen und abgehackten Bewegungen des ganzen Körpers frei im Raum. Die L kehrt zurück zum Klavier und begleitet die Sch mit einem Stück staccato. Ebenso wird mit dem Gegenteil „legato“ mit fließender Spielweise und Bewegung verfahren. Später können die Spiel- und Bewegungsarten auch zusätzlich im Tempo und in der Dynamik unterschieden werden oder auch einmal mit Stiften auf ein großes Blatt Papier oder Kreide auf eine Tafel übertragen werden.
- Die Sch werden in zwei Gruppen eingeteilt und sitzen mit Trommeln je in einer Ecke des Raumes. Jede Gruppe hat einen Sch ausgewählt, der sich in frei gewählter Art mit oder ohne Pausen bewegt. Die Gruppe begleitet ihn auf den Trommeln. Bleibt ein sich Bewegender stehen, stoppen alle aus dieser Gruppe ihr Trommelspiel. Vielleicht nehmen die zwei sich Bewegenden Kontakt zueinander auf oder die Rhythmen gleichen sich an oder es entsteht eine gemeinsame Musik.

- Ein Sch spielt eine Trommel und ein zweiter bewegt sich im Raum. Jeder darf selbst wählen, was er machen oder wie er spielen will, aber beide sollen aufeinander achten. So entsteht ein Dialog zwischen den beiden: Mal „reden“ beide, mal bleibt einer stehen und hört dem Trommelspieler zu, mal imitiert der eine den anderen, der eine ist leise und der andere laut.

Instrumentenkunde und Instrumentenbau

- Alle vorhandenen und schon einzeln erkundeten und gespielten Schlagwerk-Instrumente liegen oder stehen in der Mitte des Raumes. Die Sch teilen sie nun gemeinsam in verschiedene Gruppen ein: Kleine bis große Instrumente oder tiefe bis hohe Instrumente oder leise bis laute Instrumente oder Fell-, Holz- und Metallinstrumente oder beliebte bis weniger bevorzugte Instrumente.
- Die Sch untersuchen gemeinsam den Klavierinnenraum und entdecken die Vorgänge darin, während die L spielt.
- Mit Schlägeln im Klavierinnenraum spielen oder (im Flügel) Tischtennisbälle darauf hüpfen lassen.
- Alle vorhandenen „klassischen“ Instrumente mit Technik und Klang erkunden und auf Tonträger hören. Besonders erfolgreich ist dies, wenn ein Könner, vielleicht ein Familienangehöriger eines Schülers, ein Instrument im Unterricht einmal vorstellt.
- Einfache Klangerzeuger herstellen, die die Technik der Zupf-, Streich- und Blasinstrumente sowie die Größenverhältnisse (Rohr- und Saitenlängen, kleiner und großer Resonanzkörper) veranschaulichen.

Müermann, B./Schütz, O.: Gebaute Klänge – Musikinstrumente Bauen, Lugert 2002

Musikalische Improvisation

- Zu Bildern zum Thema Wetter auf verschiedenen Instrumenten nach Darstellungsmöglichkeiten suchen.
- Nacheinander die Elemente Donner, Blitz, Regen und Sturm auf verschiedenen Instrumenten ausprobieren und die Rollen festlegen. Ein Sch zeigt nun mit Bildern an, welche Elemente des Gewitters gespielt werden sollen – auch mehrere Elemente gleichzeitig.
- Bilder zum Thema Eisenbahn heraussuchen. Die Sch üben in der Bewegung die Zugfahrt mit dem langsamen Anfahren, dem Beschleunigen bis hin zum kontinuierlichen Fahren und Halten am Bahnhof. Entwe-

der stellt jeder allein eine Eisenbahn dar oder es stehen alle Sch hintereinander und sind gemeinsam eine. Die Bewegungen werden entweder durch das Instrumentalspiel der L begleitet oder durch ein passendes Musikstück untermalt.

- Die Sch erarbeiten anhand von einfachen Skizzen die Stimmungen wütend, traurig und fröhlich mit Körperhaltungen, Gesten und Mimik. Danach werden die Stimmungen in der Bewegung übertrieben dargestellt und eine kleine Gruppe begleitet diese Bewegungen an verschiedenen Instrumenten. Als Variation stellt die Musikgruppe eine Stimmung musikalisch dar und die andern Sch erraten die zugehörige Skizze.
- Alle Sch haben ein Percussionsinstrument. Die L gibt auf ihrer Trommel ein Metrum vor und alle spielen mit. Haben alle den gleichen Grundschlag erreicht, improvisiert die L frei rhythmisch dazu und animiert einen Sch oder eine kleine Gruppe durch Blicke, sich eine Zeit lang rhythmische Freiheiten zu nehmen.
- Die Sch sitzen in einer Reihe auf Stühlen nebeneinander, gegenüber oder in der Diagonale stehen vier (oder mehr) verschiedene Instrumente. Der erste Sch der Reihe beginnt und spielt nacheinander jedes Instrument mit einer selbstgewählten Spieltechnik einmal an. Der nächste Sch imitiert (als Gedächtnisübung) und/oder erfindet etwas Neues. Um die Reihenfolge unter den Sch einfacher einhalten zu können und das Warten zu erleichtern, tritt der erste Sch nach seinem Spiel hinter den zweiten, tippt ihm auf die Schultern als Zeichen, sich auf den freien, ersten Stuhl zu setzen. Den dritten und alle andern der Reihe nach tippt er ebenso an, sodass alle Sch je um einen Sitz aufrücken, bis am Ende der Reihe ein Stuhl für den Spieler frei wird.
- Die Sch legen mit Reifen einen großen Kreis auf den Fußboden und stellen vier bis sechs größere Instrumente je daneben. Ein Sch geht alleine von Reifen zu Reifen und spielt auf jedem Instrument, was er will. Die Reihenfolge ist durch die Reifen vorgegeben, aber den Zeitpunkt des Wechsels oder des Endpunktes muss der Sch selbst wählen.
- Kleine – und allmählich längere – rhythmische Motive mit Körperinstrumenten nach eigenen Ideen wiedergeben, z. B. schnalzen, patschen, auf die Brust klopfen.
- Gefundene Motive von eben aneinander fügen oder übereinander legen oder mit freien Improvisationen erweitern.

- Zu einem bekannten Lied einen Bordunklang suchen, den einige Sch spielen während die anderen singen.
- Ebenso ein rhythmisch interessantes oder melodisches Ostinato suchen.
- Ein freies rhythmisches Motiv als Ostinato wählen, das alle Sch auf leisen Schlaginstrumenten spielen. Beispielsweise:

  Darüber setzt jeweils ein Sch mit einer großen Trommel oder seinem Melodieinstrument ein freies Solo. Oder die Sch suchen Aussagen zu einem gewählten Thema und versuchen sie als Rap dazu zu singen.
- Musikstücke von einer CD mit einfachen Rhythmusinstrumenten begleiten.

Schlosser, K./Freigang, C.: Spiel-mit-Stücke – Von Renaissance bis Swing für Grundschule und Sekundarstufe (mit CD), Fidula 2002

2.3 Musiklehre

Zur Musiklehre gehören auch die Bereiche Musikalische Vortragszeichen und Satzbezeichnungen: Vorgaben wie beispielsweise „crescendo – decrescendo“ werden im Kapitel Begriffsbildung unter dem Oberbegriff „laut – leise“ erarbeitet. Hinweise zu Satzbezeichnungen wie beispielsweise „Andante“ sind ausnahmsweise unter den Notenwerten zu finden.

Für die Arbeit mit Notenwerten, Rhythmen und Taktarten bietet es sich an, Kärtchen mit einzelnen Zeichen mit den Schülern zu erstellen, sodass immer wieder neue oder längere Rhythmen und Taktreihen als Vorlagen kombiniert werden können.

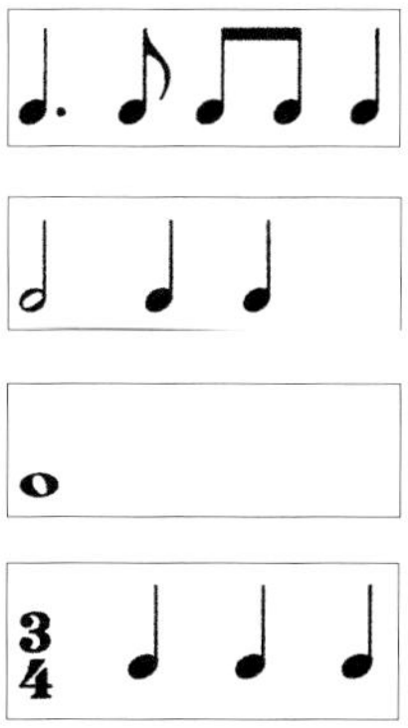

Notenwerte
Notenwerte bauen auf einem Grundschlag, auch Metrum oder Puls genannt, auf. Sie unterteilen, differenzieren oder fassen diesen zusammen. Sie dienen in der Notenschrift zur Verständigung über den Rhythmus und werden als solche für die Schüler erst interessant, wenn danach „gespielt“, das heißt musiziert, gesprochen oder sich bewegt wird. Einen Grundschlag – in Variationen – erlebt jeder Mensch ständig in seinem Gehtempo, ist sich dessen aber meist nicht bewusst und kann ihn oft auf Kommando nicht reproduzieren.[1] Hat sich ein Bewusstsein für einen Grundschlag eingestellt, können Fortbewegungsrhythmen wahrgenommen, notiert und damit gespielt werden.

- Alle Übungen aus den Anregungen im Bereich „Bewegung – Grundbewegungsarten“, in denen der *Grundschlag* taktil fühlbar oder durch begleitende Gesten sichtbar gemacht werden kann.
- Grundbewegungsarten im Tempo variieren und durch verschieden lange Pausen unterbrechen. Zur Erhaltung des Grundschlages werden die Pausen von der L innerlich durchgezählt oder mit beispielsweise einer Handbewegung sichtbar gemacht.
- Acht bis zwölf Stühle stehen nebeneinander in einer Reihe. Die Sch gehen nacheinander daran entlang und patschen mit den Händen oder schlagen mit Schlägeln ein- oder zweimal auf jeden Sitz oder jede Lehne, sodass sich fast von alleine ein regelmäßiger Puls einstellen wird. Die L kann ihn bestätigend auf einer Trommel begleiten. Später kann sie auch das gewünschte Metrum vorgeben.
- Für jeden Sch liegt ein ihm bekanntes Schlaginstrument in einer Reihe auf dem Fußboden. Der erste Sch geht zum ersten Instrument und spielt es in einem selbst gewählten, gleichbleibenden Tempo. Der zweite Sch geht zum zweiten Instrument und passt sich dem vorgegebenen Spieltempo an. Sind alle Sch an einem Instrument angekommen, beendet der erste sein Spiel und kehrt zurück zu seinem Platz. Nach und nach beenden alle ihr Spiel, sodass ein anderer Sch mit einem neuen Tempo beginnen kann. Zur Motivation oder um die Einhaltung des Tempos zu unterstützen, improvisiert die L auf dem Klavier oder einem Schlaginstrument dazu.

1 Nur Menschen mit einer Körperbehinderung, die im Gehen beeinträchtigt sind, benötigen extra andere Kanäle wie Ertasten der Pulsfrequenz am Hals, Wiegen zur Musik, taktile Vermittlung durch einen Partner (z. B. Klopfen auf den Rücken).

- Die Sch sitzen im Kreis und finden mit Klatschen ein gemeinsames Grundmetrum. Dann klatscht der Reihe nach (oder durch Blickkontakt zur L) immer nur ein Sch laut und gut sichtbar, während die anderen nur kleine, schwache Schläge setzen.
- Den Grundbewegungsarten Notenwerte zuordnen: Mit einer Kreide auf der Tafel gehen oder laufen oder schleichen oder trippeln, dann die entstandenen Punkte mit Notenhälsen und ggf. mit Balken versehen. Eine Benennung ist nicht notwendig, aber die Sch sollen ihr eigenes Fortbewegungstempo selbst mit der Kreide „auftupfen“ oder auf ein Blatt Noten schreiben und immer mit Handgesten oder in die Fortbewegung umsetzen.

- In der vorherigen Übung *Pausen*, die gesehen (Finger auf die Lippen, Bewegungsunterbrechung) oder gefühlt werden, einfügen und die zugehörigen Pausenzeichen einsetzen.

- Eine Stuhlreihe zum Entlanggehen und regelmäßig darauf Klopfen (s. o.) wird mit Lücken aufgestellt, sodass sich Pausen ergeben, wenn in die Luft geklopft wird.
- Am Klavier oder auf der Trommel einen regelmäßigen Puls fühlen. Wenn der Spieler den Schlag unterbricht, schlagen alle im gleichen Tempo weiter in die Luft.
- Den Unterschied zwischen einer Pause und einer langen Note am Klavier anschauen. Spielt die L eine Pause, hält sie sich als Signal den Zeigefinger an die Lippen, spielt sie eine lange Note, zeigt sie die Spannung im ganzen Körper und in ihrer Mimik. Dann finden die Sch andere Bewegungen, um den Unterschied zu zeigen.

– Erarbeitung von Notenwerten im Reifenweg, das heißt sechs bis zwölf nicht zu große Reifen liegen in der Diagonale des Raumes nebeneinander (vorausgehende Übungen dazu siehe unter „Bewegung"). Wenn nicht in den Vorübungen schon durch die Sch selbst gefunden, geht die L in gemächlichem Tempo durch den Reifenweg und setzt pro Reifen einen Schritt. Während die Sch dies nacheinander wiederholen, begleitet sie die L auf der Trommel. Dann rennt die L durch den Reifenweg und setzt pro Reifen zwei Schritte. Während die Sch dies nachahmen, begleitet die L auch hierbei die Schritte der Sch mit dem nun schnelleren Trommelspiel. Anschließend zeichnet die L einen Reifenweg an die Tafel

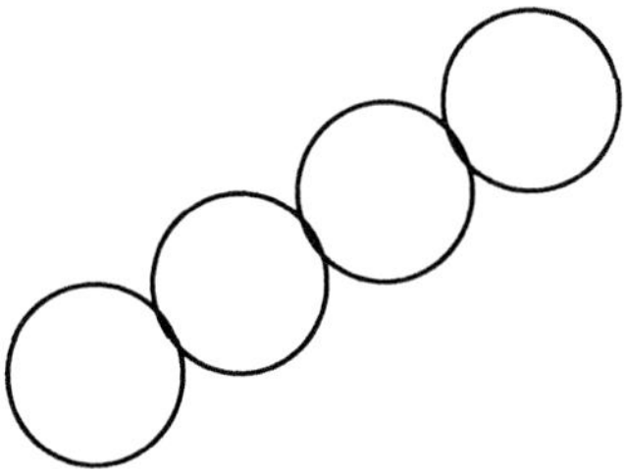

und geht symbolisch mit zwei Fingern durch den Weg bzw. die Zeichnung. Jetzt malt sie in jeden Kreis einen Punkt hinein und geht wiederholt mit den Fingern durch die Reifenwegzeichnung.

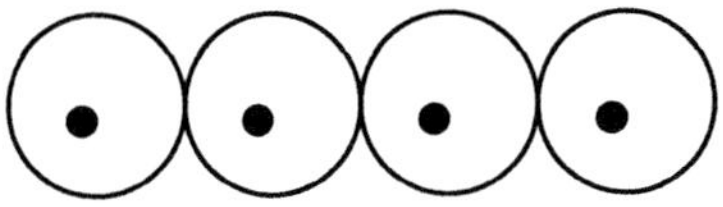

Die L malt zu den Punkten einen Notenhals und fertig ist die Viertelnote.

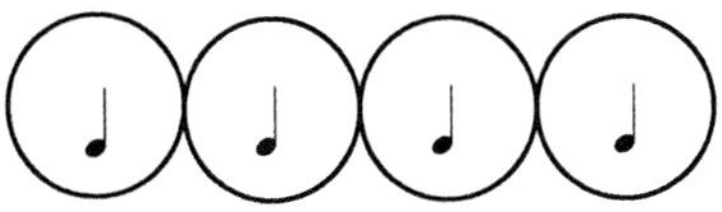

– In gleicher Weise wird das Achtelpaar erarbeitet: Pro Kreis stehen zwei Punkte für die schnellen Laufschritte oder auch drei für die Triole, was allerdings körpertechnisch meist zu schwierig ist.

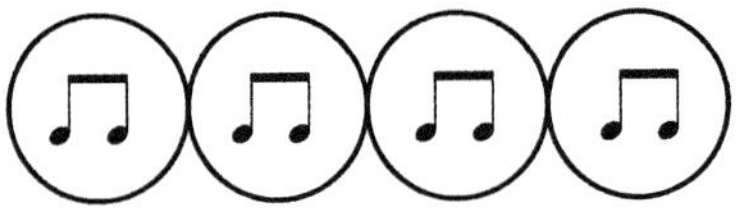

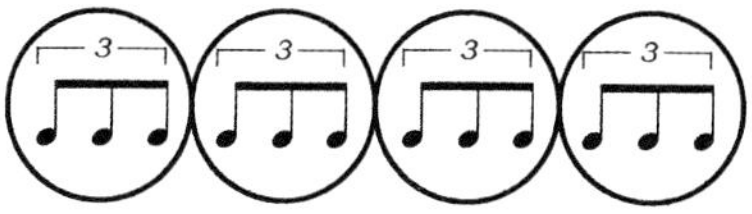

- Anstelle von zwei Laufschritten für die Achtelgruppe kann auch pro Reifen auf dem gleichen Bein zweimal aufgetreten werden (regelmäßiger Hüpfer).
- Notenwerte können auch klatschend zum ruhigen Gehen (Grundschlag) über einen Reifenweg oder entlang einer *Stuhlreihe* gelernt werden: Jeder Schritt/Reifen/Stuhl erhält ein, zwei, drei oder vier Klatscher oder Patscher. Diese Übungen sind nur angebracht und sinnvoll, solange dem Sch eine flüssige Ausführung körpertechnisch möglich ist (Koordination von Händen und Füßen ist erst ab ca. 8. Lebensjahr möglich).
- Nach der Erarbeitung von Notenwerten zeigt die L jeweils zur Verdeutlichung ein gedrucktes Notenblatt. Darauf werden einzelne erarbeitete Notenwerte gesucht.
- Die L spielt aus einem den Sch vorgelegten Notenblatt Abschnitte mit den erarbeiteten Notenwerten, die die Sch hören, am Klavier fühlen oder an den Fingerbewegungen beobachten.

Erweiterung der Notenwerte
Bringt man die Notenwerte mit Pausen und musikalischen Vortragszeichen in Verbindung, kommen weitere Begriffe ins Spiel wie kurz und lang, staccato und legato, accelerando und ritardando, oder Satzbezeichnungen wie Lento, Adagio, Allegro, Vivace.
- Es liegen mehrere Seile mit recht großem Abstand parallel hintereinander (wie Sprossen einer Leiter). Die Sch gehen darüber, ein Schritt in jeden Zwischenraum. Dann versuchen sie, in demselben Tempo so viele Schritte wie möglich hintereinander in die Zwischenräume zu setzen. Anschließend werden die Seile entfernt und die Sch gehen weiter mit so *großen (langen) oder kleinen (kurzen)* Schritten durch den Raum.
- In einem Reifenweg liegen die Reifen etwas entfernt voneinander, sodass die Sch mit langen Schritten von einem zum andern Reifen gehen. Anschließend balancieren sie auf den Reifenrändern in Schlangenlinie den Weg entlang.
- Die Gruppe wird geteilt und bekommt je ein Bild zugeteilt. Die erste Gruppe bekommt das Bild eines Skilangläufers, die zweite das eines

Eisschnellläufers (oder von Vogel Strauß und Bachstelze). Beide zeigen, wie sie sich in dieser Rolle bewegen. Der anderen Gruppe wird zugeschaut und die Bewegung imitiert. Nach einem Gongschlag wechseln die beiden Gruppe ihre Bewegungsart.

- Mit Klebeband werden überall im Raum kleine Kreuze verteilt. Jeder Sch stellt sich auf ein Kreuz und wartet den Gongschlag der L ab, um dann schnell zu einem neuen Kreuz zu laufen.
- Dann gibt die L durch die ausholende Bewegungsführung und die Länge des Gongschlages an, wie lange der Weg jeweils dauern soll (Ende durch Anfassen des Gongs).
- Spiel (Hantieren, Kunststücke, Bauen) mit Schlaghölzchen und Übertragung auf Stäbe.
- Jeder Sch hat einen Stab. Wie lange wird die Reihe, wenn nacheinander jeder einen hinlegt? Dasselbe mit Schlaghölzchen.
- Alle Sch ziehen ein langes Seil hinter sich her (an einem Ende angefasst oder wie einen Schwanz hinten in die Hose gesteckt), ohne dass sich zwei Seile berühren. Dann ziehen zwei Sch ein doppelt so langes Seil dazwischen herum.
- Verschieden lange Instrumentenklänge suchen: Kleines gegen großes Becken, gestoppter gegen ausklingenden Gong, Conga gegen Pauke, Claves gegen Klangstab, gezupfte gegen gestrichene Saite, etc.
- Am Klavier verschieden langen Klängen zuhören und diese durch Armbewegungen oder Körperspannung anzeigen.
- Die Sch sitzen am Boden und jeder rollt einen Ball zwischen den Händen hin und her oder nur ein Ball rollt von einem Sch zum andern. Die L zeigt mit einer Hand oder an der Tafel an, wie lang die Wege sein sollen:

- Es liegen vier Reifen nebeneinander auf dem Boden. Rechts und links von der Reihe steht je ein Sch. Einer geht gerade Strecken, der andere Bogen. Beide gehen immer gleich lang, beginnen und enden also gleich-

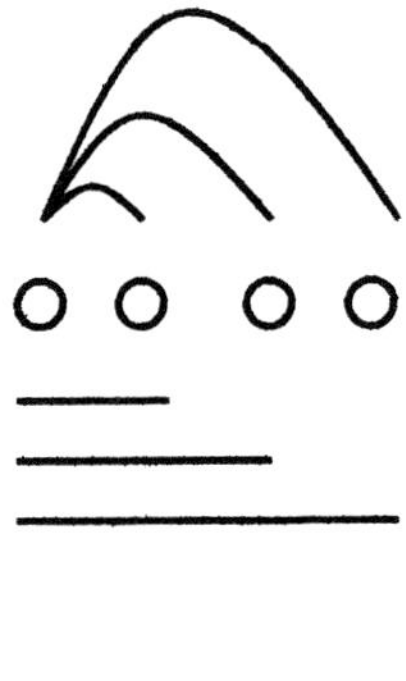

zeitig. Die L spielt den Gong und lässt ihn entweder nur kurz, mittel oder lang klingen. Dementsprechend gehen die Sch anschließend zum zweiten, dritten oder vierten Reifen.

- Bewegungswechsel zwischen normalem Laufen und Laufen mit hinten hochgeschlagenen Fersen oder vorne weggestreckten Zehenspitzen. Dann am Klavier die Unterschiede spüren und hören: *staccato – legato.*
- An einem Streichinstrument und am Klavier sehen, spüren und hören, wie man im gleichen Grundtempo kurze oder lange Töne spielen kann. Evtl. mit geschlossenen Augen die Hände und Finger der L am Klavier spüren, wie sie springen oder wandern. Diese Qualitäten auf den Körper in der Fortbewegung oder auf nur ein Körperteil (Handrücken, Kopf, Fuß) übertragen.
- Eine Kugel wird im Reifen zum Rollen gebracht. Alle Sch beobachten, wie lange sie braucht, bis sie ruhig liegt.
- Dann stehen alle Sch im Kreis und übernehmen das Tempo der ausrollenden Kugel.
- Ein Sch rollt eine Kugel im Reifen und entscheidet frei, ob sie auslaufen, Pausen machen oder ganz schnell werden soll. Sein Partner beobachtet und übernimmt dabei das Tempo der Kugel, während er sich auf einer großen Kreislinie im Raum bewegt.
- Die Sch stellen gemeinsam eine Eisenbahn dar. Der Zugführer gibt das Tempo an und beachtet besonders das Beschleunigen und Verlangsamen. Ein Sch oder die L begleitet die verschiedenen Tempi mit einem Instrument.
- Die L zeichnet das Langsamer-Werden der Eisenbahn an die Tafel

und benennt es als „*ritardando*“. Danach zeichnet sie das Schneller-Werden der Eisenbahn auf und benennt es mit „*accelerando*“.
- Alle Sch stehen nebeneinander in einem großen Kreis und beginnen mit Seitwärtsschritten sich als Ganzes zu drehen oder alle Sch gehen auf der Kreislinie hintereinander. Gemeinsam versuchen sie, das Tempo zu steigern und dann das Tempo wieder zu reduzieren, bis sie am Ende alle still stehen.

Rhythmus

– Anknüpfend an den zur Erarbeitung der Notenwerte verwendeten Reifenweg (s. o.) werden *Grundbewegungsarten*, die *rhythmische Motive* ergeben (pro Reifen ein Motiv), durch die Reifen ausgeführt und evtl. notiert.

Hüpfen

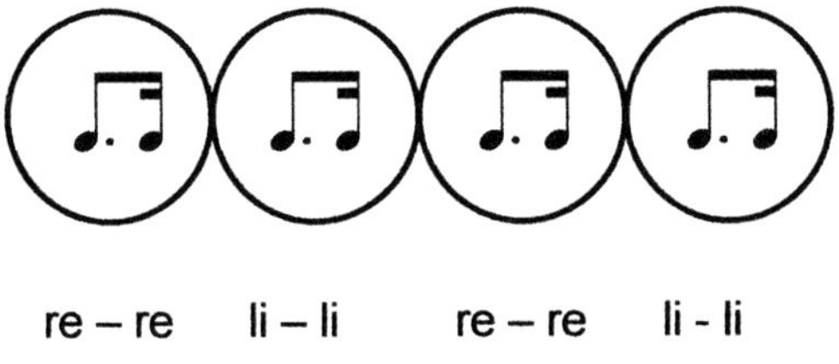

Galoppieren

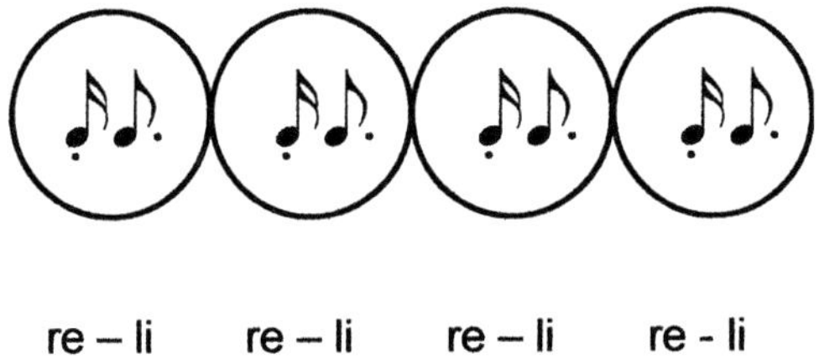

Humpeln (Fuß nachziehen)

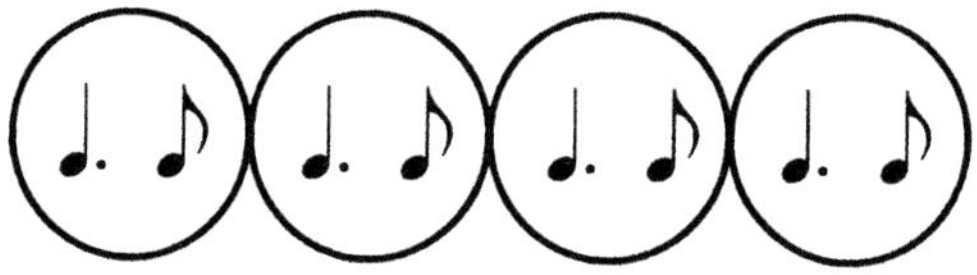

Schneller Anschlussschritt

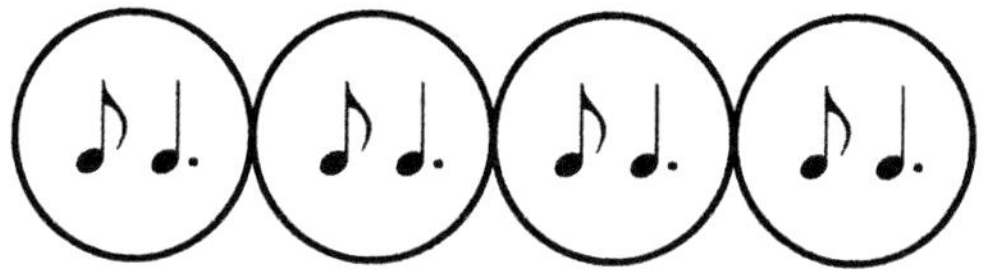

– Drei Reifenwege werden parallel gelegt oder drei Kreidekreise nebeneinander gezeichnet. Im ersten wird – mit Füßen oder Fingern oder mit der Kreide – gegangen, im zweiten gelaufen und im dritten gehüpft. Die Aktionen der Sch werden mit der Trommel begleitet oder auf dem Rücken taktil wahrnehmbar mitgetippt. Als Variation kann die Gangart zuerst festgelegt werden durch einen Trommel- oder Klatschrhythmus.

- Die Sch haben Kärtchen mit notierten Rhythmen vor sich liegen. Die L klopft entweder einem Sch ein Motiv davon auf den Rücken oder spielt eines auf einem Instrument. Die Sch halten die richtige Karte hoch und führen dann die passende Bewegung frei im Raum aus.

- Ein Sch geht, rennt oder hüpft durch den Raum. Einige weitere stehen an einer Trommel und begleiten die Schritte. Andere halten jeweils die Karte mit dem passenden Rhythmus hoch.
- Die Sch schauen am Klavier der L auf die Finger und erkennen die Gangarten und rhythmischen Motive.
- Ein Sch bewegt sich gehend, rennend oder hüpfend durch den Raum. Die anderen erkennen daraus das rhythmische Motiv und schreiben es in Form eines Diktates auf. Auch mehrere Gangarten hintereinander setzen.
- Die L vermittelt mehrmals denselben Rhythmus auf verschiedenen Wegen: Taktil auf den Rücken geklopft, mit den Händen bewegt, auf der Trommel gespielt, als Notenbild. Die Sch nehmen ihn auf und stellen fest, ob er immer gleich bleibt oder ob vielleicht ein „Fehler“ drin ist.
- Die Sch fühlen an der Trommel ein kleines rhythmisches Motiv, das sich wiederholt, und *klatschen* es mit:

Mit der Zeit werden die Motive immer länger.

- Ein gefühltes und nur einmal gespieltes rhythmisches Motiv ein Mal nachklatschen oder durch den Raum gehend wiederholen.
- *Rhythmus-Kette*: Die L spielt ein Mal ein rhythmisches Motiv, welches ein Takt lang ist. Die Sch wiederholen es einmal und die L spielt den nächsten Takt. Am besten beginnt man ganz einfach mit vier Vierteln eines 4/4Taktes, bis alle Sch den regelmäßigen Wechsel spüren. Dann wird etwas variiert mit Halben oder Achteln.

– Ein rhythmisches Motiv wird an der Tafel vorgegeben.

Die Sch setzen es mit Körperinstrumenten um. Jeder zeigt seine Idee und die anderen machen mit oder wiederholen es ein Mal.

– Alltägliche Tätigkeiten mit *rhythmischem Sprechen* und gleichzeitig mit dem Körper darstellen: „Am Morgen dusche ich, am Abend lese ich“

Oder ebenso verschiedene Speisen mit unterschiedlichen rhythmischen Motiven finden, sprechen, trommeln und klatschen: „Willi kocht Spaghetti“

„Willi kocht Schokoladenpudding“

oder

oder

„Ich mag Eis“ 

Takt

- Als Vorübungen zu den Taktarten können alle Übungen eingesetzt werden, in denen sich allein schon durch den Bewegungsablauf eine Taktart ergibt, ohne dass sie benannt wird: Nachahmen von sich wiederholenden Bewegungen wie Handwerkertätigkeiten (z. B. Sägen oder Hobeln ergibt 2/4Takt), Schrittfolgen (z. B. Walzerschritt im 3/4Takt oder bergauf Wandern im 4/4Takt) oder Tätigkeiten im Haushalt (z. B. Kindlein-Wiegen im 6/8Takt oder Fensterputzen mit dem flüssig hin und her geführten Fensterabzieher im 5/4Takt).
- Die L gibt an der Trommel (abwechselnd mit rechter und linker Hand gespielt) ein Gehtempo an. Spielt sie dazwischen einen besonders lauten Schlag, stampfen die Sch mit dem Fuß auf oder klatschen in die Hände. Wenn dies als Reaktionsübung gemacht wird, erfolgt der Stampfer einen Schlag später. Wird dies als Übung zu den Taktarten geübt, erfolgen die lauten Schläge solange hintereinander im selben Abstand, bis alle Sch zu gleicher Zeit den Stampfer setzen können, weil der laute Schlag die Eins eines Taktes und eine gleichbleibende Taktart angibt.
- Eine Stuhlgasse aufstellen, in der entweder zwei Sitze oder zwei Lehnen einander gegenüber stehen. Die Sch gehen durch und schlagen rechts und links gleichzeitig auf die Sitze oder Lehnen. Die Sitze klingen lauter als die Lehnen und die Bewegung geht beim Sitz tiefer nach unten und wirkt schwerer als bei der Lehne. So ergeben sich bei gleichbleibendem Grundschlag je nach Aufstellung eine Taktart oder eine Taktreihe mit der betonten Eins. Umgekehrt kann die Stuhlgasse von einem Sch nach einem am Klavier gefühlten Takt aufgestellt werden.

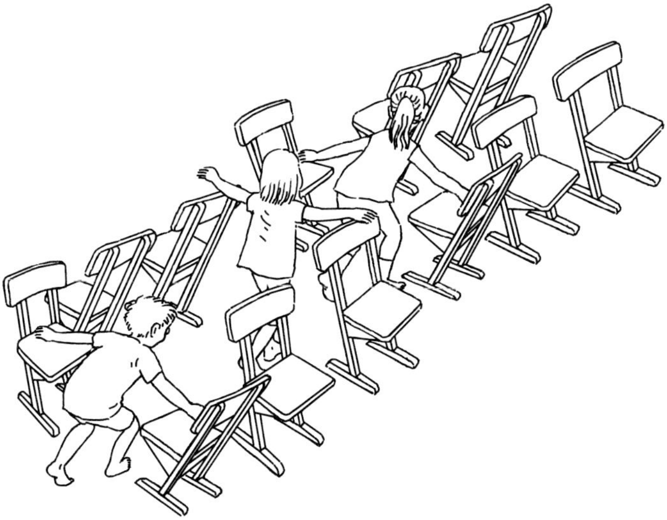

- Die Sch stehen oder knien vor ihrem Stuhl (Stuhl mit Rückenlehne), der so im Kreis steht, dass sich alle Sch sehen. Alle patschen wie die L mit beiden Händen auf den Sitz und erfinden nach und nach neue Möglichkeiten: Auf die Lehne, an die Beine, seitlich … Nun wird der Schlag in gleichmäßigem Puls ausgeführt und zwischen den Stellen am Stuhl gewechselt, sodass sich Schlagfolgen ergeben wie Sitz – Seite – Lehne (= 3/4Takt) oder Sitz – Beine – Seite – Lehne (= 4/4Takt). Aus der Bewegung ergibt es sich, dass der Schlag auf den Sitz am kräftigsten ist und somit immer die Eins im Takt ist.
- Für die einzelnen Taktarten von 2er bis 6er werden Schlagfolgen am Stuhl oder am Körper festgelegt, sodass das Klavier nach einer von einem Sch vorgegebenen Taktart spielen kann oder von den Sch nach dem Musikhören am Klavier die passende Bewegungsfolge gefunden werden kann.
- Parallel zum Taktschlagen am Stuhl oder im Gehen auf den Körper werden die Taktarten an die Tafel geschrieben und benannt.
- Die Taktarten auf einem Bein hüpfen: Auf einem Bein die Eins und auf dem anderen den Rest des Taktes.
- Die Sch sitzen im Kreis und finden mit Klatschen oder Patschen ein gemeinsames, nicht zu schnelles Metrum. Die L zeigt durch große, kräftige und kleine, schwache Schläge regelmäßige Betonungen (= Eins) an, sodass sich durch die Wiederholungen Taktarten ergeben. Sie achtet darauf, dass die Sch nicht zählen, sondern eher gefühlt mitmachen, was durch eine lockere, mit Mimik und Spaß gewürzte, in Tempo und Schlagart abwechslungsreiche Vorgabe gelingt. Später kann auch differenziert werden innerhalb des Taktes, sodass die Drei im Vierer auch, aber weniger betont wird wie die Eins (oder die Vier im Sechsachtel). Oder die leichten Schläge werden weggelassen, sodass jeder sie innerlich mitgeht.

- Die Sch gehen mit einem Tennisball in der Hand durch den Raum, prellen ihn ab und zu einmal auf den Boden und fangen ihn mit beiden Händen wieder auf ohne aus dem Bewegungsfluss zu geraten. Gelingt dies körpertechnisch (Koordination Hände-Füße), wird in regelmäßigen Abständen geprellt. Es entstehen Motive wie Schritt/Prellen – Schritt

– Schritt – Schritt (4/4Takt) oder Schritt/Prellen – Schritt – Schritt (3/4Takt). Eine Notation an der Tafel verdeutlicht die Vorgänge, z. B. 4/4

○ ● ● ●

oder 3/4

○ ● ●

- Die Betonung der Takteins mit dem Ball von eben wird durch Klatschen ersetzt, sodass eine freie Bewegungsimprovisation dazu kommen kann.
- Ein sich wiederholendes Schritt-Klatsch-Motiv durch Vor- und Nachmachen erlernen und notieren oder von der Tafel ablesen und ausführen:

Klatsch:	X x	X x x x x	X x x
Schritt:	X	X	X

Ergibt die Taktreihe 2/4 5/4 3/4

- Wie eben wird aus verschiedenen Taktarten eine Reihe gebildet und in verschiedenen Tempi abgespielt, gegangen oder geklatscht. Die Eins wird immer durch eine Betonung oder/und größere Bewegung hervorgehoben.

Taktreihen mit oder ohne Rhythmus gehen und klatschen.

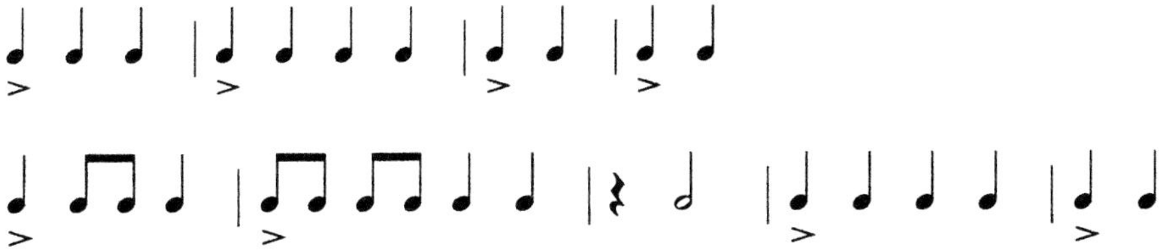

- Zum Gehen im Metrum werden die Arme bei jedem Schritt in eine neue Stellung gehalten, wobei sich jeder Sch eine eigene Haltung ausdenkt und vorzeigt.
- Nachdem Ideen zu Armhaltungen gefunden wurden, werden daraus unterschiedliche Bewegungsfolgen vor- und nachgemacht und wiederholt.

– Ebenso können die Arme während des Gehens entsprechend den Taktierbewegungen eines Dirigenten bewegt werden. Entweder man übernimmt diese Handführung direkt (symmetrisch mit beiden Händen aus der Mitte heraus) oder besser vergrößert mit den Ganzen Armen: (s. Abb. S. 125).

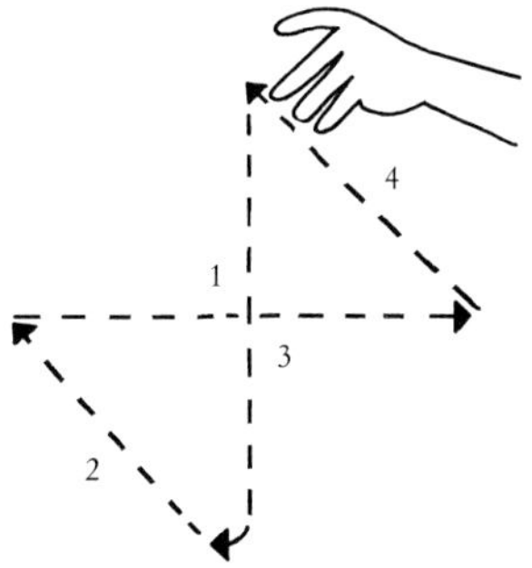

Dirigierbewegung 4er

Das Taktieren auf diese Art erfordert eine gute Koordination von Armen und Füßen und ist erst für ältere, fortgeschrittene Sch sinnvoll, wenn sie Spaß an Körperbeherrschung und -übung haben. In der Folge können die Fertigkeiten beliebig weiter entwickelt werden, indem beispielsweise Fortbewegungsarten und Rhythmen aller Art dazu in die Füße genommen werden.

– Die Sch werden in zwei Gruppen geteilt. Eine Gruppe geht durch den Raum und stellt eine Taktart dar, indem sie die Zählzeit eins mit einem Stampfer plus Klatscher betonen. Die andere Gruppe steht an den Trommeln und begleitet, ebenfalls die Eins hervorhebend oder nur die Eins spielend oder später frei rhythmisch improvisierend.

– Die Sch hören und fühlen ein Musikstück in einer gleichbleibenden Taktart am Klavier und stellen dann die Taktart mit einer Holzblockreihe auf: z. B. für 4/4.

– Das Besondere eines *Auftaktes* erleben lassen oder später thematisieren: Zu einem Reifen rennen und auf beide Füße hinein springen, ohne Dirigent oder Anführer gemeinsam (zu zweit oder zu mehreren) losrennen oder einen Ball wegrollen, beim Taktieren am Stuhl oder mit den Armen (s. o.) deutlich auftaktig anfangen.

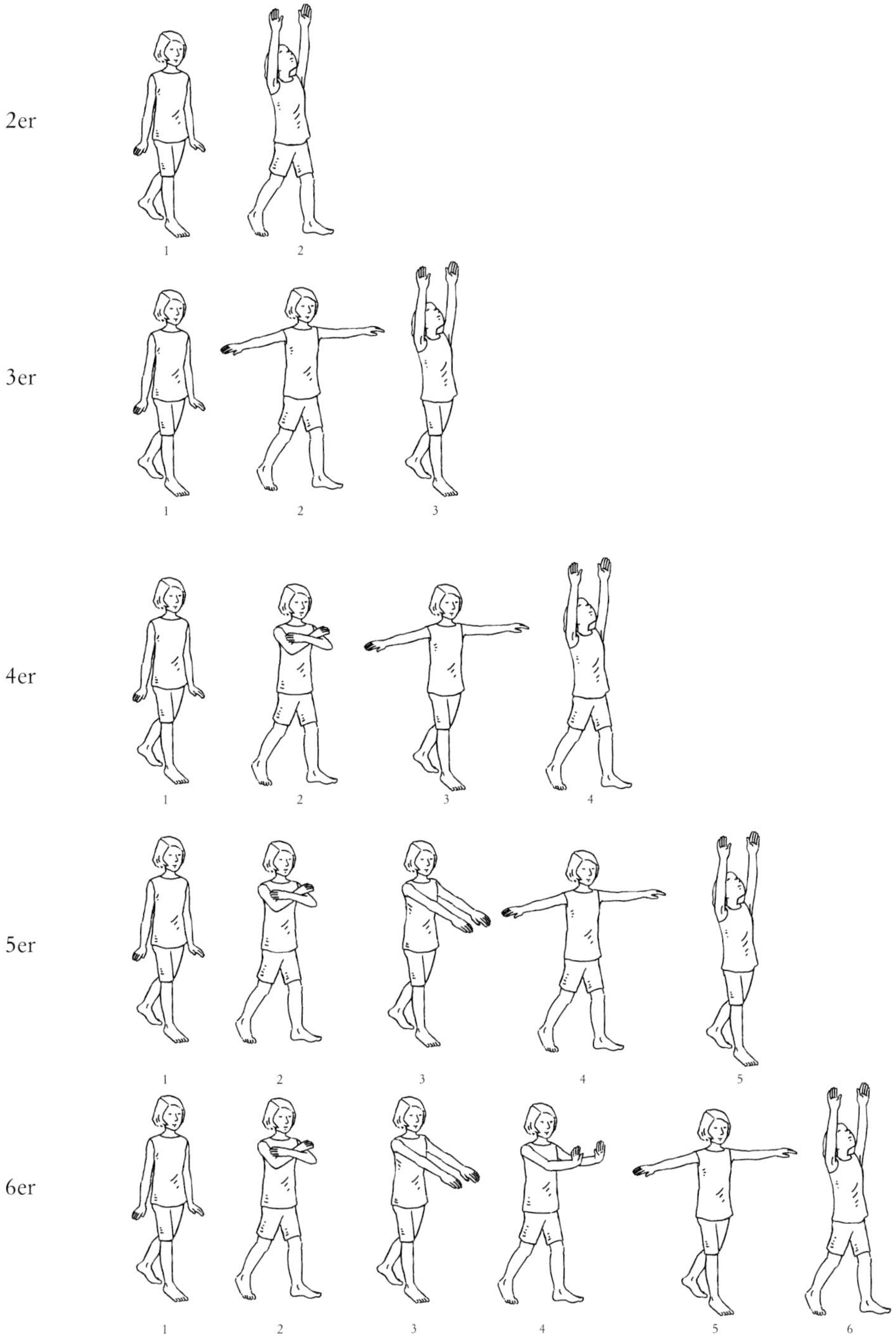

Taktierbewegungen nach Emile Jaques-Delacroze, La Rythmique, Lausanne 1916 (Bd. 1) und 1918 (Bd. 2)

Mehrstimmigkeit

- Am Klavier zuschauen und fühlen wie die L mit einer Hand oder zwei Händen, mit einem Finger oder vielen Fingern spielt. Durch unterschiedliches Spiel rechts und links wird die Wahrnehmung erleichtert, z. B. rechts Achtel gebunden und links Akkorde in Halben.
- Die Sch stehen am Klavier und beobachten das ein- und zweistimmige Klavierspiel (hohe Lage plus tiefe Lage). Dann erhalten zwei Sch je ein Tuch und werden je einer Hand der L zugeordnet. Sobald ihre Stimme gespielt wird, bewegen sie ihr Tuch dazu.
- Gemeinsam ausprobieren, welche und wie viele Instrumente man gleichzeitig fühlen und hören kann.
- Durch Vor- und Nachmachen probieren, den einen Arm anders zu bewegen als den andern, beispielsweise verschiedene Kreisrichtungen oder hin-her und auf-ab oder schnell und langsam.
- Zwei Sch halten zwei Seile zwischen sich ohne Spannung gestreckt und bewegen abwechselnd beide einzeln oder gleichzeitig.

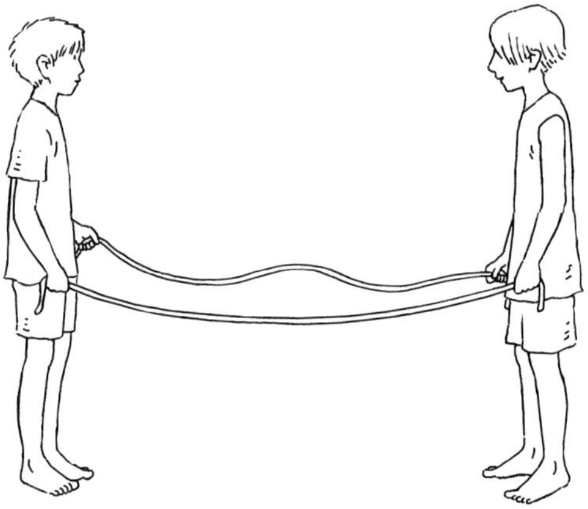

- Die L klopft oder zeichnet einem Sch mit ein oder zwei Händen auf den Rücken (rechte und linke Schulter) und der Sch zeigt gleichzeitig mit rechter oder/und linker Hand in die Luft, was er fühlt. Die anderen Sch bewegen oder zeichnen auf ein Blatt Papier mit, was sie sehen. Auf diesem Wege kann auch ein Rhythmusdiktat aufgegeben werden.
- Die L spielt auf einer Trommel und alle Sch gehen dazu durch den Raum, jeder auf einem eigenen Weg. Spielt die L auf zwei Trommeln nebeneinander (oder Bongos), gehen die Sch zu zweit nebeneinander.

- Spielt die L die Trommel, gehen die Füße, spielt sie die Steal Drum, klatschen die Hände. Werden beide Instrumente gleichzeitig gespielt, gehen die Sch klatschend durch den Raum.
- Die Sch gehen im Raum in Viertelnoten und klatschen gleichzeitig dazu Achtelnoten. Als Variation können die Notenwerte gewechselt werden und die Sch gehen mit den Achtelnoten durch den Raum und klatschen auf jeden zweiten Schritt die Viertelnote.
- Zwei Sch stehen jeweils an einer Trommel. Ein Sch spielt ein langsames gleichmäßiges Tempo, der andere verdoppelt oder halbiert das Tempo.
- Je zwei Sch erfinden schnell-langsame Motive im abwechselnden oder gleichzeitigen Spiel an zwei Trommeln.
- Ist zu zweit ein Motiv gefunden, das mehrmals wiederholt werden kann, machen die andern Sch mit. Anschließend wird es an die Tafel geschrieben. Z. B.

	+		+	+	= Sch 1
+		+			= Sch 2

- Ein Motiv wie eben gilt als Vorlage. Die Sch werden in zwei Gruppen aufgeteilt. Eine Gruppe spielt mit den Schlaghölzchen die obere Reihe und die andere mit den Trommeln die untere.
- Eine Vorlage von der Tafel ablesen und zu zweit auf Schlaghölzchen übertragen (die Hacken bedeuten eine Pause). Zuerst einzeln spielen und die Pausen mit einem Finger vor den Lippen anzeigen, dann zweistimmig versuchen.

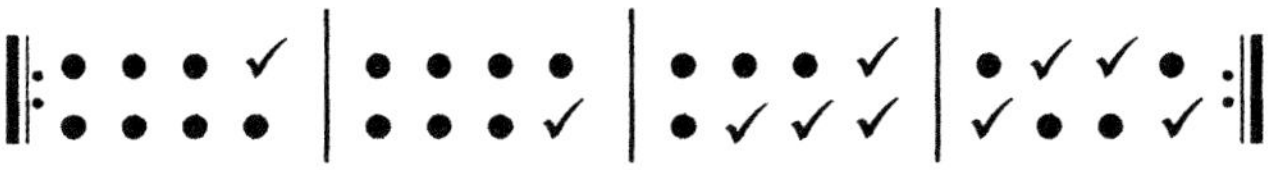

- Ebenso wird dreistimmig oder auch mit verschiedenen Rhythmen und Instrumenten gespielt.
- Die Sch werden in drei Gruppen aufgeteilt. Die L gibt an der Trommel für jede Gruppe einen anderen Notenwert oder einen anderen einfachen Rhythmus vor. Die erste Gruppe klatscht, die zweite stampft und die dritte patscht sich auf die Oberschenkel. Sind alle gleichzeitig dabei, löst sich die L von der Trommel und zeigt den Gruppen an, wann sie ihr Körpergeräusch und dadurch den Rhythmus ändern soll, sodass am Ende jeder einmal alle drei Arten gemacht hat.

Phrasen, Periodenbildung und Form

- Hüpfen im Raum und die Richtung wechseln, sobald am Klavier oder an der Trommel ein Ton besonders betont wird.
- Zwei Sch sitzen einander gegenüber und rollen sich einen Ball zu. Die L begleitet am Klavier und gibt durch einen lauten Akkord den Impuls zum Ballabstoß. Haben sich die Sch in ein gleichmäßiges Maß eingefügt, wechselt sie das zeitliche Intervall.
- Der Ball wird wie eben gerollt. Zur Verdeutlichung oder Erleichterung spielt die L den Akkord nur mit einer Hand und zeichnet mit dem anderen Arm einen großen Bogen in die Luft. Zusätzlich kann ein Sch hinter einem Ballspieler sitzen, mit einer Hand auf einem Tamburin die Akkorde fühlen und dem Vordermann mit der andern Hand gleichzeitig Bögen auf den Rücken malen.
- Am Klavier hören, ob eine Melodie nach oben oder unten endet. Anfangs hilft die L durch Mimik, beispielsweise Kopf nach oben und unten führen, den Blick fragend nach oben heben und zufrieden nach unten senken, Mund öffnen und schließen.
- Ein Sch geht einen großen Kreis im Raum, der am Boden aufgezeichnet oder mit Seilen gelegt ist, um einen Stuhlkreis oder den Wänden entlang verläuft. In dieser Zeit öffnen alle langsam die Arme oder kommen von der Hocke zum ausgestreckten Stehen. Geht der Sch den Weg wieder zurück, werden die Arme zum Körper zurückgeholt und der Körper gleitet zurück in die Hocke. In dieser Art werden kürzere oder längere Wege und gleichzeitig ausgeführte Bewegungen in einem Auf und Ab, einem Hin und Her oder Vor und Zurück ausgeführt, wobei immer der erste Teil gleichlang ist wie der zweite. So entstehen Abläufe wie Frage und Antwort.
- Eine musikalische Phrase eines Melodieinstrumentes füllt ein Sch mit einer Bewegung, bei der Wiederholung machen alle genau diese Bewegung mit.
- Linien auf die Tafel malen und dabei immer wieder neu ansetzen. Sich selbst einteilen oder sich nach der Linienführung eines Zeichners (taktil auf dem Rücken) richten. Jeder Abschluss und Neubeginn einer Linie erfolgt ohne Pause und wirkt so wie das Atemholen eines Bläsers.
- Einfache *musikalische Formen* beim Malen, sich Bewegen, Singen oder Tanzen kennenlernen. Beispiele:
- Rondo: Alle Sch hüpfen durch den Raum. Zeigt dann die L mit einer hinweisenden Körperstellung auf einen einzelnen Sch, wählt dieser eine

andere Fortbewegung und alle bleiben stehen. Löst die L die Stellung auf, hüpfen alle weiter.

- Dreiteilige Form, z. B. A – B – A: Die L legt mit ihrem Seil nacheinander einfache Formen, die Sch legen sie ihr mit den eignen Seilen nach und erfinden auch selbst andere. Sind genügend Ideen da, fordert die L noch mal zum Nachlegen und gleichzeitig zur Einnahme derselben Sitzhaltung auf. Sie setzt sich in den Schneidersitz und legt nacheinander einen Kreis, ein Dreieck, einen Kreis. Dann sitzt sie im Fersensitz und legt eine Gerade, einen Kreis, eine Gerade. Nun sitzt sie wieder im Schneidersitz und legt eine Brezel, ein Herz, eine ?
- Solche Formen auch in der Musik, in Noten aus der Literatur entdecken und selbst musizieren.

2.4 Liedgestaltung

Im Folgenden sind zwei Liedbeispiele aufgeführt, die verschiedene Verbindungen zum Unterricht beinhalten. Beide Inhalte können außermusikalischen Themen zugeordnet werden und beide haben emotionale Komponenten. Sie können sowohl mit oder ohne Gebärden gesungen werden und legen eine Erarbeitung über die Bewegung oder eine Bewegungsgestaltung nahe. Die erste Strophe des Winterliedes ist sehr kurz, enthält aber gegensätzliche Bewegungsqualitäten. Das zweite Lied ist ein typisches Strophenlied, das viele Einzelheiten erzählt und je nach Sing-, Hör- und Spielvermögen der Schüler beliebig verkürzt und vereinfacht werden kann. Beispielsweise ist die Melodie von den Zwischentönen zu befreien oder der Rhythmus wird auf mehr Viertelnoten reduziert, um leichter gleichzeitig gebärden zu können. Oder der Text im Refrain wird auf die erste Zeile beschränkt und der Rest auf „ba – ba“ gesungen, oder ein Text mit den im Sprachunterricht zu übenden Lauten wird eingesetzt.[2]

2 Natürlich gehört zum guten Singen auch ein Einsingen, das heißt das Spiel mit Atem und Stimme, was hier weggelassen wird.

Es schneit

Text und Melodie nach einem Schweizer Kinderlied

Arbeit am Text der ersten Strophe

- Mit jüngeren Sch zum Thema Winter ganz kleine Wattebäusche durch die Luft blasen, auf dem Kopf oder auf der Nasenspitze tragen, auf dem Boden zu einem Haufen blasen. Dann mit den Händen und Armen zeigen, wie diese Bewegungen aussehen.
- Sich selbst bewegen wie eine Schneeflocke, bei starkem oder schwachem Wind.
- Einige Sch sind der Wind und blasen (Atem und Bewegung) die L durch den Raum.
- Ein Sch bewegt sich wie der Wind und lässt den andern tanzen oder treibt ihn voran.
- Die Sch zeigen, wie sie sich warm anziehen, bis sie ganz dick gepolstert sind, oder sie wickeln sich gegenseitig in Decken ein.
- Mit Jugendlichen wird zum Thema Winter in der Bewegung experimentiert: Schneeflocken schweben und legen sich auf den Boden, Flocken im Sturm, immer mehr Flocken legen sich auf einen Ast, bis er bricht, etc.
- Mit dem Körper zeigen, wie man friert, sich wärmt, sich warm anzieht, Schlittschuh oder Skier läuft, sich vor dem Wind schützt, im Schnee stapft, etc.
- Dann die Bewegungen vergrößern und abstrahieren. Daran die unterschiedlichen Bewegungstempi herausarbeiten: Das behutsame Sich-Anziehen wird zum geführten, langsamen an den Körperlinien entlang Gleiten, das schnelle Zittern und Laufen wird zu einem verhetzten, bebenden Flüchten.

Arbeit am Lied

- Den Rhythmus zum Singen mitklatschen oder –trommeln.
- Den Melodieverlauf mit der Hand in die Luft zeichnen: Nach der ersten Zeile bleibt die Hand nach oben gerichtet, nach der zweiten schließt sich nach unten ab.
- Später dient die Melodie als typische Vorlage für eine Periodenbildung.
- Nach Instrumenten suchen, die wie Schneeflocken oder Wind klingen, und nach Instrumenten, die kalt oder warm klingen. Auf die Eins in jedem Takt eines davon anschlagen, oder nur im ersten Takt, in der Mitte und nach dem letzten Ton.
- Einige Sch spielen die passend gewählten Instrumente in einem Vor- und Nachspiel als Stimmungsbild oder in freier, rhythmischer Improvisation.
- Einige Sch suchen sich auf ihrem eigenen Melodieinstrument die betonten oder langen Töne im Lied aus, die sie spielen können. Andere Sch wählen rhythmische Motive aus (zwei bis vier Schläge). Daraus wird eine Begleitung zum Gesang gebaut.

Immer wieder kommt ein neuer Frühling

Rolf Zuckowski/Melodie neu und Text abgeändert (B. St.)

Arbeit an Inhalt und Lied

- Die L sammelt Bildmaterial zum *Hauptthema* Frühling. Zusätzlich kann ein Spaziergang (mit den Sch) in der Natur etwas beitragen, das Thema anschaulicher zu gestalten.

- Nachdem das Hauptthema eingeführt ist, wird jede Strophe einzeln erarbeitet.

  1. Strophe: Hokuspokus steckt der Krokus
  seine Nase schon ans Licht.

  Die L bringt einen Krokus mit in den Unterricht und die Sch riechen an der Blume und malen sie ab. Das Bild von dem Krokus wird ab nun die Ankündigung der ersten Strophe sein. Danach erleben die Sch in der Bewegung, wie eine Blume wächst. Dafür liegen sie zuerst zusammengerollt am Boden, um dann langsam mit den Armen nach oben zu wachsen. Die Sch stellen das Wachsen der Blume dar, bis sie auf den Knien angekommen sind.

  Das Wachsen kann auch gemeinsam in einer kleinen Gruppe dargestellt werden. Dann zeigen dazu zwei Sch, wie sie die Blumen mit dem „Hokuspokus“ verhexen und damit erwachen lassen. Und ein weiterer Sch bringt das Licht der Sonne, indem er auf einen Stuhl steigt und die Arme weit ausbreitet, sodass ihm die Blume(n) entgegenwachsen können.

  Danach wird die Strophe gesungen und die lautsprachbegleitenden Gebärdenfolge (LBG) eingeübt.

  2. Strophe: Auch das Häschen steckt sein Näschen
  frech heraus aus seinem Bau.

  Die Sch schauen sich Bilder oder Kuscheltiere von Hasen an und bewegen sich anschließend wie Hasen durch den Raum. Gemeinsam bauen sie mit Hilfe von Stühlen und Decken eine Höhle und üben nacheinander das langsame Herausgucken aus dem Bau. Die Sch malen als Ankündigungskarte für die zweite Strophe einen Hasen, singen und lernen die LBG.

  3. Strophe : Still und leise hat die Meise
  sich ein neues Nest gebaut.

  Die Sch schauen sich auf Bildern eine Meise an und falls die Biosammlung eine ausgestopfte Meise in der Sammlung hat, können die Sch das Tier auch anfassen. Danach fliegen sie wie Vögel durch den Raum und bauen sich zu zweit ein Nest. Dafür haben sie Decken, Tücher, Seile und Matten zur Verfügung.

  Als Ankündigungskarte für die dritte Strophe malen die Sch einen Vogel im Nest, singen und üben die LBG ein.

  4. Strophe : Auch die Schlange freut sich lange
  schon auf ihre neue Haut.

Die Sch schauen sich Bilder oder Kuscheltiere von Schlangen an. Auf einem Bild soll das Häuten der Schlange deutlich werden. Gemeinsam probieren die Sch, sich wie eine Schlange durch den Raum zu winden. Anschließend wird ein auf dem Boden liegender Sch mit vielen Tüchern abgedeckt. Der Sch schlängelt sich durch den Raum und verliert nach und nach alle Tücher.
Als Ankündigungskarte für die vierte Strophe malen die Sch eine Schlange, singen und üben anschließend die LBG ein.

5. Strophe: Und die Sonne strahlt vor Wonne,
denn der Winter ist vorbei.

Die Sch malen als Ankündigung für die 5. Strophe eine große Sonne. Zuerst zeigt jeder Sch allein mit seinem Körper eine Sonne. Anschließend wird in zwei Gruppen eine gemeinsame Darstellung der Sonne gesucht. Das Resultat wird von den andern Sch von allen Seiten her angeschaut. Einige Möglichkeiten, eine Sonne als Gruppe darzustellen, sind: Alle legen sich gerade auf den Rücken und stecken im Kreis ihre Köpfe zusammen, die Sch stehen als Kreis mit den Rücken zusammen und strecken ihre Arme vor die Brust oder sie stellen ein vertikales Gruppenbild dar, indem sie sich mit Hilfe von Hockern mit den Händen weit nach oben und gleichzeitig weit zur Seite strecken. Die L leistet wenn nötig Hilfestellung. Anschließend die Strophe(n) singen und gebärden.

Begleitung

Begleitendes Instrumentalspiel zum Refrain:

- In den Pausen nach den Wörtern „März“ und „Herz“ spielt ein Sch mit einem Effektinstrument eine Verzierung hinein. Mögliche Instrumente sind eine Hupe, Tröte, Trillerpfeife, ein Kazoo oder Blockflötenkopf. Zur Orientierung schaut der Sch auf die Gebärdenfolge und spielt sein Instrument direkt nach den Gebärden „März“ und „Herz“.
- An der Tischtrommel gemeinsam den Rhythmus spielen und festigen. Dann werden von der L oder einem Sch kleine rhythmische Varianten eingeflochten. Was gefällt, wird beibehalten und gefestigt.
- Den Rhythmus auf andere, nicht nachklingende Schlaginstrumente übertragen.
- Erweitert werden der Melodie die Bassklangstäbe F und C als Bordun zugeordnet.

- Der Refrain wird von der L gesungen und gleichzeitig unterstützend gebärdet. Die Hälfte der Sch singt oder gebärdet mit, die andere Hälfte spielt die musikalische Begleitung dazu.
- Einige Sch stehen in der Mitte des Raumes und gebärden den Refrain, alle andern Sch tanzen im Grundschlag um sie herum (abwechselnd Schritt – Klatsch).
- Einige Sch spielen ein einfaches Ostinato auf einem Melodieinstrument, wie z. B. den Klangstäben, Xylophon oder Metallophon.

Harmonische Liedbegleitung:

Refrain F-Dur
Strophen F-Dur | F-Dur | B-Dur | C-Dur/F-Dur

Variationen des Grundrhythmus:

Begleitung durch ein rhythmisches Ostinato:

Melodische Liedbegleitung:

Abschluss

- Das Lied wird nun vollständig durchmusiziert. Es wechselt zwischen Refrain und Strophe und endet mit dem Refrain: Jeder singt mit, wann und wie es ihm möglich ist.

- Als Anfangsversion machen alle Sch das Gleiche. Beim Refrain wird im Grundschlag musiziert und bei den Strophen stellen die Sch den Inhalt auf ihrem Platz pantomimisch mit einzelnen Gebärden dar.
- Bei einer weiterführenden Version werden die Sch in drei Gruppen aufgeteilt.
  1. Die Musikgruppe begleitet den Refrain (s. o.)
  2. Die Gebärdengruppe begleitet den Gesang. Den Refrain gebärdet sie nur am Anfang und Ende des Liedes. Bei den anderen Malen bewegt sie sich mit einem Tanzschritt (an Ort oder im Kreis) und Klatschen.
  3. Die Darsteller zeigen die gemalten Ankündigungen für die jeweilige Strophe und spielen die Szene darstellerisch oder reduziert auf eine abstrakte Bewegungsfolge. Weil die Darstellung etwas länger dauert, wird jede Strophe zwei Mal hintereinander gesungen.

Becker, B./Führe, U./Held, J./Merkt, I./Neumann, H./Steffen-Wittek, M.: Mikado (Lehrerband), Düsseldorf 1999

Leber, I./Spiegelhalter, J.: Mit den Händen singen, Karlsruhe 2004 (von Loeper)

Götze, E./Leber, I./Spiegelhalter, J.: Jetzt geht's richtig los!, Karlsruhe 2005 (von Loeper)

Götze, E./Leber, I./Spiegelhalter, J.: Bis Weihnachten ist's nicht mehr weit, Karlsruhe 2006 (von Loeper)

Michel, A.: Häuptling sprechende Hand, Karlsruhe 2007 (von Loeper)

Friedrich, W./Schmid, B.: Momel singt Lieder in einfacher Sprache (plus zwei CDs), Ein Liederbuch für die Förder- und Grundschule, Buxtehude 2001 (Persen)

Salmon, S.: Schläft ein Lied in allen Dingen, Reichert 2008, Praktische Beispiele S. 170–199

3. Bild

3.1 Wahrnehmen von Farben und Formen

- In einem Sack stecken viele, aber jeweils zwei gleiche Materialien; beispielsweise unterschiedlich große Murmeln, quadratische und längliche Holzwürfel, kleine und große Holzscheiben. Der Sack wird herumgereicht und jeder Sch fasst mit beiden Händen hinein und sucht sich zwei gleiche Teile heraus.
- Variante: Die Teile haben unterschiedliche Farben, sodass nach dem Herausnehmen noch eine Überraschung wartet und die Farbe Bedeutung bekommt.
- Mit geschlossenen Augen Gegenstände und Formen ertasten und diese nachkneten.
- In einem vorangegangenen Bewegungsspiel werden Materialien mit Klängen oder Rhythmen eines bestimmten Instrumentes in Verbindung gebracht. Beispielsweise begleitet die L das Spiel mit einem Sandsäckchen auf der Schlitztrommel, das mit einem kleinen Ring auf der Trommel und das mit einem Stäbchen auf dem Gong. Anschließend stehen jedem Sch mehrere dieser Materialien zur Verfügung und je nach gehörtem Instrument legen die Sch das passende Gerät nacheinander auf eine Matte vor sich. Wer hat daraus ein interessantes Bild gemacht? Alle Sch gehen herum und sehen sich die entstandenen Gebilde an.
- Immer wenn nach einer Übung Geräte im Raum „herumliegen“, achtet die L auf das Gesamtbild und wenn es sich lohnt, macht sie die Sch darauf aufmerksam.
- Die L achtet in jeglicher Situation für die Sch sichtbar darauf, welche Farben der Geräte sie für eine Übung wählt oder welche Farben sie kombiniert, beispielsweise wenn sie nacheinander jedem Sch einen großen Ball zu der schon im Reifen rollenden Kugel gibt.
- Die von der L mit wenigen Holzstäbchen vorgelegten Figuren nachlegen und selbst welche erfinden.

- Gegenstände (drei Stäbchen, ein Seil, drei Blöcke, ein Tuch) in die vorgemalte Form bringen.

- Ein Sch baut oder legt eine Figur vor und deckt sie ab. Die anderen schauen ihm zu und bauen sie dann aus der Erinnerung nach.
- Ein Sch ertastet bei geschlossenen Augen (oder unter einer Kiste) eine Figur. Nachdem diese abgedeckt wurde, baut er sie aus der Erinnerung mit geschlossenen oder offenen Augen nach.
- Einige Gegenstände werden zu einem Gebilde zusammengestellt und betrachtet. Dann schauen alle Sch weg (sich umdrehen oder Kopf auf die Knie legen) und in dieser Zeit verändert die L oder ein Sch etwas daran. Wer findet den Unterschied?

3.2 Formen und Gestalten

Arrangieren, Bauen und Konstruieren

- Ein zufällig im Raum entstandenes Gesamtbild (s. o.) wird betrachtet und danach von einem Sch oder mehreren gemeinsam nach eigenem Empfinden umgestellt.
- Vor jedem Sch liegt ein Reifen, ein Tuch oder eine kleine Matte. Nach und nach wird dieser „Bilderrahmen“ mit kleineren Gegenständen bestückt, z. B. mit Holzblöcken, Schlaghölzchen, Stäbchen und kleinen Ringen in verschiedenen Farben oder unbedruckten runden Bierdeckeln.

- Ebenso, aber die Sch suchen sich aus mehreren Angeboten selbst die Gegenstände für das Bild aus. Variation: Nur bei einem Gongschlag kann eines der Teile dazugelegt oder bei einem Paukenschlag wieder weggenommen werden.
- Die L stellt eine Schale mit Zahnstochern und eine mit 20 cm langen Stäbchen zur Verfügung. Jeder Sch nimmt sich einige der kurzen und langen Stäbchen und arrangiert sie als fortlaufende Linie auf einer farbigen Unterlage. Jeder prägt sich sein Bild gut ein und überträgt die vorgegebene Linie als Weg im Raum.

- Mit einer begrenzten Anzahl von Holzblöcken alleine oder mit anderen die von der L vorgegebenen oder daraus selbst entwickelten Gebäude errichten: Turm, Tunnel, Treppe etc.
- Gemeinsam erbauen die Sch mit Holzblöcken ein Gebilde, indem immer einer nach dem anderen einen Block dazu legt und ohne dass über einen Titel oder ein konkretes Ziel gesprochen wird. Am Ende legt ein einzelner Sch als Verzierung oder Akzent ein rotes Säckchen darauf oder dazu.
- Mehrere Gegenstände werden nacheinander von allen Sch zu einem Gebilde zusammengestellt, dann in freier Reihenfolge wieder abgebaut. Gelingt es, sie erneut zum ursprünglichen Gebilde zusammenzufügen?

Zeichnen und Malen

- Ein Sch geht einen selbst gewählten Weg durch den Raum, welchen seine Mitschüler hinterher auf ein Blatt Papier aufzeichnen.

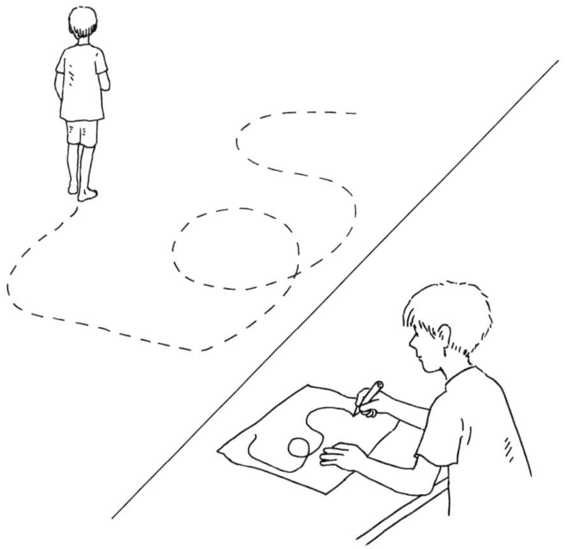

- Die L skizziert den Raum mit deutlichen Eckpunkten an die Tafel, beispielsweise ein Rechteck mit Strichen für die Tür, die Fenster oder einen Schrank. Dann zeichnet sie einen Weg kreuz und quer von einem zum anderen Punkt ein, der anschließend von einem Sch im Raum gegangen wird.
- Eine fortlaufende Linie, die dem Sch auf den Rücken gemalt wird, legt er mit einem Seil nach und geht sie dann vergrößert im Raum.
- Mehrere Reifen werden im Raum verteilt hingelegt, die L zeichnet die neue Aufteilung des Raumes an die Tafel und malt dort die zu gehenden Raumwege hinein.

- Ein Sch zeichnet seinen geplanten Raumweg zuerst geheim auf und geht ihn danach real. Seine Mitschüler malen den Weg gleichzeitig auf ihrem Blatt mit und vergleichen anschließend. Achtung: Je nach Blickrichtung ergeben sich unterschiedliche Zeichnungen, die trotzdem identisch sind.
- Ein mit Stäbchen gelegtes Bild wird mit Holzblöcken nachgebaut, sodass aus der Zweidimensionalität eine Dreidimensionalität entsteht. Umgekehrt wird ein aus Blöcken gebautes Gebäude mit einfachen Strichen, bewusst nicht perspektivisch, nachgezeichnet. (Das Vergleichen führt zum Verständnis von Abstraktion).

3.3 Bewegung und Bild

- Ein Sch bewegt sich beliebig durch den Raum (Weg, Tempo und Krafteinsatz variieren) und die L zeichnet gleichzeitig oder anschließend empfindungsgemäß die Bewegung an die Tafel.
- Zwei Sch bewegen sich im Raum, und die L versucht, zeitgleich mit beiden Händen zwei Linien an der Tafel mitzuzeichnen.

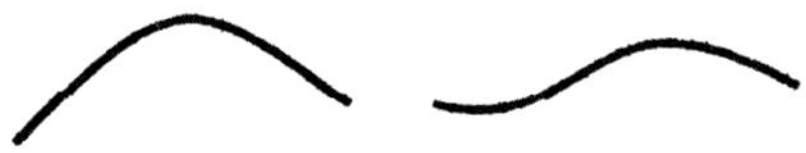

- Die Sch halten je ein Chiffontuch mit beiden Händen an den Ecken und lassen es beim Laufen auf- und abfliegen. Danach fordert sie die L dazu auf, Pausen einzubauen und im Tempo zu variieren sowie unterschiedlich hohe Bögen zu wählen. Während dann die Sch einander zuschauen oder eine Vorgabe imitieren, malt ein Sch den Weg des Tuches gleichzeitig an die Tafel. Beispiele:

– Die L malt eine Linie an die Tafel, welche zeitgleich von den Sch mit beiden Armen in einer großen Linie in Bewegung umgesetzt wird. Oder die Sch sehen sich eine Zeichnung an und setzen die Linie nachträglich auf der Stelle oder groß im Raum um.

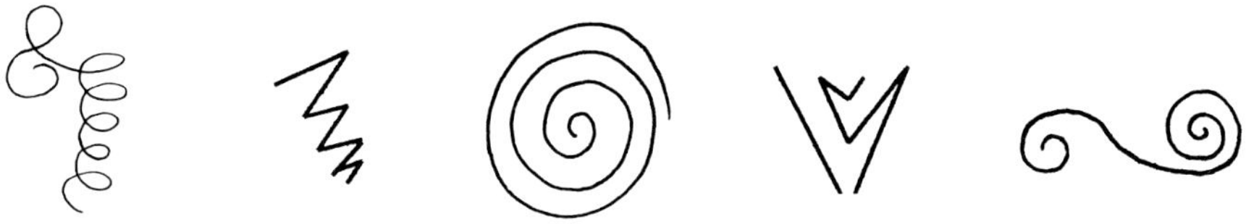

- Eine Linienzeichnung zuerst paarweise als Standbild und dann gemeinsam in der Bewegung darstellen.
- Die Sch bewegen sich mit der L in weichen, fließenden Bewegungen durch den Raum und zeichnen die Bewegungen anschließend auf. Danach bewegen sie sich mit spitzen und abgehackten Bewegungen und zeichnen diese Bewegungsqualität ebenfalls auf.

- Sich einzeln in Spiralbewegungen vom Stand bis zum Liegen einrollen und ausrollen. Anschließend zeichnet ein Partner die Spiralen zeitgleich auf.
- Jeder Sch baut mit drei Holzblöcken ein Gebilde und stellt sich mit seinem Körper so ähnlich hin oder setzt das Gebaute in fortlaufender Bewegung im Raum um.

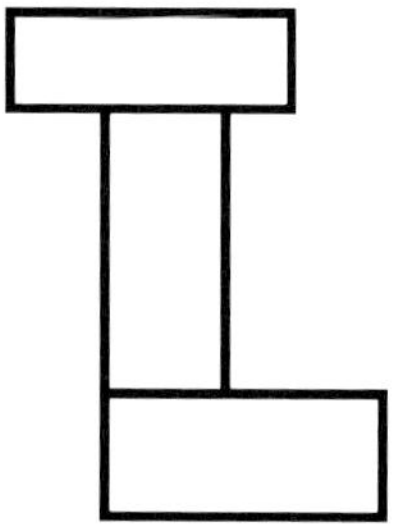

- Den Umriss des eigenen Körpers in einer frei gewählten Sitzposition schematisch skizzieren oder auf den Boden legen z. B. mit einem Seil, mit mehreren Säckchen, Stäbchen oder Papierstücken.
- Die Körperstellung eines Mitschülers verkleinert nachbauen.
- Geometrische Formen mit Geräten oder Gegenständen nachbilden.
- Geometrische Formen alleine und später in kleinen oder größeren Gruppen mit dem Körper nachstellen. Einen Kreis kann man beispielsweise mit den Fingern, den Armen oder auch den Beinen bilden. Ebenso kann eine Gruppe einen Kreis im Stehen mit den Händen oder im Liegen mit dem ganzen Körper formen.

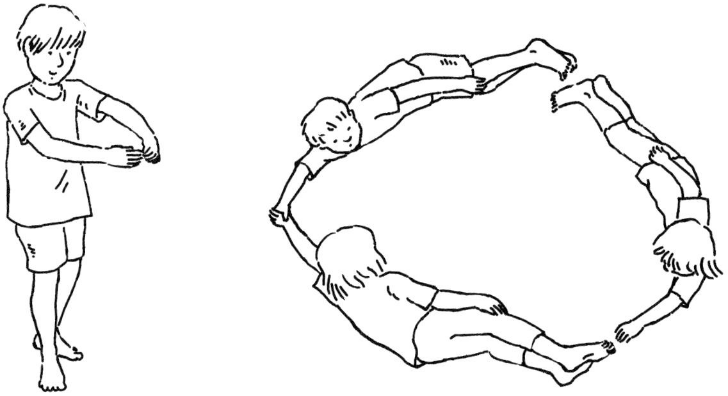

- Jeder Sch legt sich mit Seilen oder Stäben den Umriss eines ihm bekannten Raumes in der Verkleinerung. Mit Stäbchen deutet er evtl. im Raum stehende Möbel an; z. B. mein Zimmer mit Bett und Schreibtisch. Nachher bewegt er sich in der Vorstellung in diesem Raum: Er streicht das Zimmer neu, hängt ein Bild auf, springt vom Bett auf den Schreibtisch, dreht sich auf dem Schreibtischstuhl, versteckt sich auf dem Schrank.

  Entweder wird daran mit der L an der Bewegung gearbeitet oder daraus wird für die anderen Sch ein Ratespiel: Was für ein Zimmer ist es, was macht er darin? Die Lösung wird wiederum abstrakt aufgezeichnet.

- Die L skizziert einen Gesichtsausdruck mit einfachen Strichen (z. B. Smiley). Die Sch zeigen Körperhaltungen und mögliche Bewegungsformen dieses Ausdrucks: Kecke Haltung mit Gesicht nach schräg oben, hüpfen, in die Luft springen, Bewegungen in offener Haltung. Später werden weitere Skizzen (Gesichter, Körperhaltung eines Strichmännchens) für andere Stimmungen gesucht und erfunden und mit Bewegungen verbunden.[3]

3 Geeignet sind dafür auch die „Mimürfel" (von Hajo Bücken, im Spielehandel) sowie die Engel-Zeichnungen und andere (Gesichts-)Bilder von Paul Klee.

3.4 Musik und Bild

– Alle sitzen an der Tischtrommel oder mit einer eigenen Trommel im engen Kreis. Die L beginnt und streicht mit den Fingerspitzen kreuz und quer in einer kontinuierlichen Linie über das Fell und alle Sch streichen ebenso. Anschließend zeichnen alle gemeinsam eine solche Linie auf. Dann trommelt die L abwechselnd einen lauten und einen leisen Schlag auf die Trommel und die Sch probieren, das Gleiche zu spielen und zu malen (dicke und kleine Punkte). Als drittes spielen alle mit den Zeigefingern in schnellem Tempo auf der gesamten Fläche der Trommel und notieren es mit kleinen Tupfern auf dem Papier verteilt.

- Mit einer Kreide auf der Tafel oder einem Pinsel auf dem Blatt werden Spuren von Menschen oder Tieren gemalt und zwar so, dass man beim Auftragen der Farbe zugleich den Rhythmus der Gangart sieht und hört.

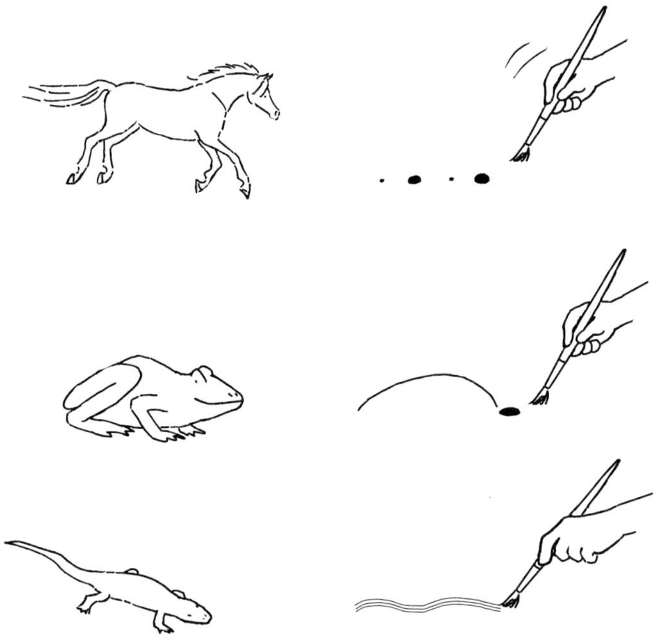

Anschließend werden die Bilder zu Partituren gelegt, die man mit Instrumenten improvisierend spielen kann.

- Ein Sch zeichnet drei Spielweisen einer Trommel oder Spuren auf und dirigiert seine Mitschüler durch das Aufhalten der Zeichnungen.
- Die Sch bewegen sich zu einer Musik (L am Klavier oder Tonträger), die abwechselnd langsame und schnelle Teile enthält. Die Sch werden in eine langsame und eine schnelle Gruppe aufgeteilt. Bewegt sich die schnelle Gruppe, steht die langsame Gruppe auf der Stelle und umgekehrt.
  Anschließend setzten sich die Sch an ihr Blatt Papier. Jeder hat eine rote und eine blaue Farbe zur Verfügung. Ein Sch bewegt ein rotes Tuch zu den schnellen Musikteilen, ein anderer ein blaues zu den langsamen. Die andern Sch zeichnen die Bewegungen jeweils in der entsprechenden Farbe mit.

Erschwerung: Jeder Sch hat zwei deutlich unterschiedliche Farben und malt ohne „Sehhilfe“ mit der ihm passend erscheinenden Farbe mit. Die verschiedenen Lösungen werden gemeinsam angeschaut.

- Ein rhythmisch und dynamisch kontrastreiches Musikstück wird zuerst in der Bewegung gehört und frei mitgestaltet. Dann wird es nahe bei der Schallquelle sitzend ein- oder mehrmals gehört und dessen Eindruck oder Verlauf mit Wachsmalkreiden aufgemalt.

3.5 Das bildnerische Kunstwerk

3 Beispiele:[4]

Plastik

Ernst Barlach: Das Fries der Lauschenden

- Im Anschluss an das Skizzieren und Bewegen von Stimmungen (s. o.) legt die L ein Bild einer einzelnen Figur aus dem Fries vor, ohne deren Titel zu nennen, und lässt die Sch nach weiteren, möglichen Haltungen und nach Bewegungen suchen.
- Zwei Figuren auswählen und zeigen, wie sich allmählich die eine in die Bewegung der anderen verwandelt.
- Die Sch ordnen sich einzelnen Figuren zu, übernehmen deren Bewegungen und kommen improvisierend miteinander ins „Gespräch".
- Mit Stimme und Instrumenten Klänge für eine Figur suchen. Kleine Stücke daraus improvisieren.
- Ausschnitte aus einem dazu komponierten Werk hören, bewegen und evtl. den Figuren zuordnen.[5]

4 Reichlich Auswahl bietet Karin von Maur: Vom Klang der Bilder. Die Musik in der Kunst des 20. Jahrhunderts, München 1994.

5 Beispiel: Thomas Stöß (*1969), Fries der Lauschenden (Trio)

Ernst Barlach, aus: Das Fries der Lauschenden (1930–1935)

Richtungen im Bild

Caspar David Friedrich, Das Eismeer

- Das Streben von einem Standpunkt aus zu unterschiedlich entfernten, fiktiven Punkten im Raum wird mit einem Stab in der Hand als Verlängerung des Körpers geübt: Die L zeigt jeweils den Raumpunkt an und die Sch bewegen sich in Zeitlupe mit ihrem Stab auf diesen Punkt zu, wobei die Haltung des Stabes und die Ausrichtung des Körpers jedes Mal neu gewählt werden.
- Später wird auch ohne Stab gearbeitet.
- Das Streben zu einem Raumpunkt wird von einem bestimmten Körperteil aus angesetzt, z. B. Ellenbogen, Rücken, Kopf.
- Ein Sch wählt sich ein Körperteil und eine Raumrichtung aus und führt die ganze Gruppe durch den Raum, wobei alle sowohl die Raumrichtung als auch den führenden Körperteil und die Tempi, Pausen etc. übernehmen.
- Die Sch betrachten das Bild und suchen die Richtungen darin. Die L skizziert mit Pfeilen die Bildbewegung

  und die Gruppe setzt diese Richtungen plastisch im Raum um.
  In der Folge wählen die Sch einzelne, ihnen wichtig erscheinende Richtungen aus, malen sie an die Tafel, finden eine Reihenfolge und lassen so das Bild als Bewegungsfolge mit der ganzen Gruppe lebendig werden.
- Passend zum Bewegungsgeschehen und zu den Farben des Bildes wird Musik gesucht oder selbst improvisiert.

Caspar David Friedrich, Das Eismeer, 1823/1824

Paul Klee, Die kleine Felsenstadt, 1932

Robert Delaunay, Endloser Rhythmus, 1916

Paul Klee, Herbstlicher Klang, 1920

Theo van Doesburg, Der Tanz, 1916

Formen im Bild

Grundlage bilden zwei Bilder mit möglichst vielen Ähnlichkeiten, aber mit gegensätzlichen Formen. Beispielsweise „Die kleine Felsenstadt“ von Paul Klee (s. Abb. S. 152) gegenüber dem „Endloser Rhythmus (Simultane Kreise)“ von Robert Delaunay (s. Abb. S. 153), oder „Aus einem Ballett zur Äolsharfe“ von Paul Klee (s. Abb. S. 154) gegenüber dem „Heroische Bewegung (Der Tanz)“ von Theo van Doesburg (s. Abb. S. 155).

- Nach Übungen aus anderen Bereichen mit Tamburins werden diese am Ende an einer Raumseite zu einem Bild zusammengelegt. Danach wird mit viereckigen Matten oder Tüchern aus festem Stoff gearbeitet. Auch diese werden am Ende zu einem Bild gelegt (Tücher ausgebreitet). Nun werden die beiden Bilder verglichen und jeweils in die Bewegung übertragen.
- Im Raum nach runden und eckigen Formen suchen. Dabei achtet die L darauf, dass, je nach Blickwinkel, ein Objekt sowohl eckige als auch runde Kanten oder sowohl Spitzen als auch Kreise haben kann (z. B. Kegel).
- Bilder aus bunten Kartonformen legen, mit denen vorher zu einer anderen Zielsetzung gearbeitet wurde (z. B. Gedächtnis- oder Melodieübung): Dreiecke, Quadrate, Rechtecke, Kreise.
- Mit dem Körper kleine und große Rundungen oder spitze und stumpfe Winkel nachbilden, allein oder in der Gruppe. Oder diese Formen in der Bewegung in den Raum stellen, legen, malen etc.
- Die L spielt zu diesen Formen Musikeindrücke am Klavier. Dann suchen die Sch selbst nach passenden Instrumenten und Spielarten.
- Die mit den Kartonformen selbst gestalteten Bilder und die gefundenen Bewegungen mit den Kunstwerken vergleichen und mit den dazu gewonnenen Eindrücken neuerlich in die Bewegung einsteigen. Dazu improvisierend einen Bewegungsablauf und evtl. eine musikalische Begleitung entwickeln.
- Die Bilder und die dazugehörigen Bewegungen mit unterschiedlichen Lauten begleiten. Summen bei den runden Bewegungen des einen Bildes, Explosivlaute wie k, t, p bei den eckigen Bewegungen des Eckenbildes.

Ingrid Engel, Spaß mit Mozart und Picasso. Kinder gestalten und erleben Kunst, Fidula 2003

4. Begriffsbildung

Aus der Fülle von Begriffen nehmen die folgenden Paare eine Schlüsselstellung ein:

Schnell – langsam, hoch – tief, laut – leise, lang – kurz. Daraus lassen sich viele weitere Paare direkt ableiten. Dazu kommen als grundlegende Begriffe Paare wie vorne – hinten, drüber – drunter, eng – weit, rund – gerade, hart – weich.

Während Übungsbeispiele zu schnell – langsam und lang – kurz in den Musikübungen (z. B. Notenwerte) und Bewegungsübungen (z. B. Grundbewegungsarten) enthalten sind, soll hier an den zwei Beispielen laut – leise und hoch – tief *das aufbauende Vorgehen* und die Bandbreite der ableitbaren Begriffe gezeigt werden.

Laut – Leise

Anlässe, laut oder leise zu sein (Achtung: Laut bedeutet nicht schnell und leise nicht langsam):

– Die L wählt aus den Bewegungs- oder Spielideen der Sch gegensätzliche aus und lässt sie je im Wechsel ausführen:
  Mit den Füßen stampfend durch den Raum gehen – auf Zehenspitzen gehen,
  in die Hände klatschen – Fingerspitzen gegeneinander tippen,
  mit den Fäusten auf den Boden trommeln – mit den Fingerknöcheln auf den Boden klopfen,
  eine Rasseldose kräftig schütteln – an die Rasseldose tippen,
  mit den Handflächen auf eine Trommel schlagen – mit den Fingern darauf tippen oder mit den Fingernägeln über das Instrument streichen.
– Hinterher am Klavier oder auf der Trommel spüren (und sehen), wie die L darauf stampft oder klopft.
– Auf der Tischtrommel liegt ein leichtes Material (Japanball, Wattebausch, Büroklammern, kleines Sandsäckchen). Die Sch beobachten, wie sich das Material beim Trommelspiel bewegt.
– Am Klavier erleben die Sch dasselbe Musikstück einmal laut und einmal leise gespielt.

Erkennen und Üben von Lautsein und Leisesein, von Krafteinsatz und körperlicher Dynamik:

- Die Möglichkeiten von leise und laut an allen vorhandenen Instrumenten ausprobieren.
- Nach Möglichkeiten suchen, sich laut oder leise zu bewegen.
- Nach Möglichkeiten suchen, laut oder leise mit einer Hand- oder Körperstellung anzuzeigen. Beispielsweise wird leise durch die geschlossene und laut durch die offene Hand dargestellt oder leise in zurückgezogener Haltung und laut breitbeinig mit Fäusten. Der lauten und leisen Musik vom Klavier damit folgen.
- Paarweise stehen sich die Sch gegenüber. Einer ist Dirigent und zeigt mit seiner Körperhaltung die Lautstärke an, die dieser auf sein Instrument überträgt. Danach gibt der Musikant eine Lautstärke vor und der andere übernimmt sie in die Bewegung.
- Die L oder ein Sch spielen leise auf einer Trommel, alle Sch bewegen sich dazu im Raum. Spielt die Trommel plötzlich laut, kommen die Sch schnell irgendwo im Raum zu einem Kreis zusammen.
- Die Sch hören am Klavier ein Stück mit lauten und leisen Teilen und begleiten es entsprechend mit Schlaghölzern.
- Ebenso, aber die Sch werden in zwei Gruppen geteilt, sodass eine Gruppe die leisen und die andere Gruppe die lauten Musikteile begleitet.
- Die Sch hören zwei bis vier unterschiedliche Musikstücke in beliebiger Reihenfolge und Länge am Klavier oder an der Trommel: Leise-schnell, leise-langsam, laut-schnell und laut-langsam. Anschließend werden sie in der Bewegung wiedergegeben.
- Alle Sch sitzen an einer Trommel, die L trommelt leise oder laute rhythmische Motive vor und die Sch imitieren. Anschließend erlernen alle ein einzelnes Muster und probieren den Rhythmus erst leise, dann laut zu spielen, ohne dabei das Metrum zu verlieren. Die laute Spielweise wird nun einer blauen Fahne und die leise einer gelben Fahne zugeordnet. Die Sch spielen der Reihe nach je einmal das Motiv und reagieren jeweils auf den Sch, der mit den Fahnen die Lautstärke vorgibt.

Verwendung der Begriffe:

- Laut und leise an der Tafel durch dicke und dünne Striche verdeutlichen.

- Die Lautstärke für das Trommelspiel von der Tafel ablesen und nacheinander spielen. Danach eigene Folgen aufschreiben und spielen.

- Die musikalischen Begriffe piano (p) und forte (f) nennen, aufschreiben und als Vorgaben nutzen.

Weiterführung zu differenzierteren Begriffen:

- Neben „laut und leise" auch „schwer und leicht" sowie *„groß und klein"* verdeutlichen: Z. B. Sandsack – Sandsäckchen tragen, Sandsack – Feder fallen lassen, große Kugel – kleine Kugel rollen. Diese Gegensätze in grafischen Zeichen erfassen, in Bewegung umsetzen und auf Instrumente übertragen.
- Die Lautstärken piano und forte werden um *mezzoforte* (mf) erweitert. Dazu wählt die L eine der schon bekannten Übungen zu laut-leise aus, beispielsweise zu lauter Musik stampfend gehen und zu leiser schleichen, und fügt unerwartet eine mittlere Lautstärke an. Sobald die Sch das Weder-noch erkennen, wird mf zum neuen Begriff.
- Gemeinsam an einem Instrument das Spiel der drei Stufen probieren. Oder drei Instrumente den drei Lautstärken zuordnen (z. B. Rasseln aus Weidegeflecht – aus Bambus – aus Metall).
- Im Raum liegen drei Reifen, an denen die musikalischen Begriffe p, mf und f kleben. Die Sch hören am Instrument eine Lautstärke und laufen zu den entsprechenden Reifen.
- Ebenso werden die Begriffe *pianissimo* (pp) und *fortissimo* (ff) erlebt und benannt. Am Ende liegen sechs Reifen mit den Begriffen p, pp, m, mf, f und ff im Raum.
- Die Sch gehen frei im Raum und jeder kann, wann er will, einmal aufstampfen oder in die Hände klatschen ohne dabei aus dem Bewegungsfluss zu geraten. Oder die Sch bewegen sich nach der Musik im piano oder mezzoforte und die L setzt unerwartet einzelne *Akzente*, die danach von den Sch mit einem lauten Klatscher oder Stampfer wiederholt werden. Der Begriff *sforzato* (sfz) kommt dazu.
- An einem Saiteninstrument mit Zupfen oder einem Bogen ein sforzato ausprobieren. Die gefundenen Bewegungen (ohne Instrument) in eine Armbewegung oder mit dem ganzen Körper vergrößern und anschlie-

ßend in eine kontinuierliche Fortbewegung oder in eine bekannte Bewegungsfolge (oder Tanz) einfügen.

- Einem angedrehten Reifen mit geschlossenen Augen zuhören, bis er am Boden liegt. Dann die Geräusche (Vibrationen) mit den Händen auf den Boden (Trommel) mit- und nachmachen, wobei die L darauf achtet, dass besonders das Zunehmen der Kraft bis zum Höhepunkt gelingt. Anschließend wird das Zurücknehmen von Kraft probiert. Umkehrung: Ein Ball wird stark auf den Boden geprellt und hüpft so lange, bis man ihn nicht mehr hört. Zusammen ergeben sich *crescendo und decrescendo*. Da sich in diesem Beispiel gleichzeitig auch das Tempo steigert, bedarf es weiterer Übungen, um die Veränderung der Lautstärke zu vertiefen.
- Die Sch zeigen die laute und leise gehörte Musik am Klavier oder der Trommel mit der Faust und der geöffneten Hand an. Dann geht die L dazu über, die Gegensätze ineinander fließen zu lassen, sodass sich die Hände langsam öffnen und schließen. Danach suchen die Sch nach den vielen Möglichkeiten, diese Veränderungen mit dem ganzen Körper zu zeigen: Größer und kleiner werden, breiter und schmaler werden, anspannen und entspannen, vorwärts- und rückwärtsgehen etc.
- An Instrumenten und mit der Stimme das Lauter- und Leiserwerden ausprobieren.
- Das Lauterwerden und Leiserwerden einer Trommel gemeinsam auf eine Zeichnung an der Tafel übertragen. Alle Ideen gemeinsam anschauen, dann hebt die L die musikalische Schreibweise hervor oder fügt sie hinzu, die Begriffe crescendo (cresc.) und decrescendo (decresc.) folgen.

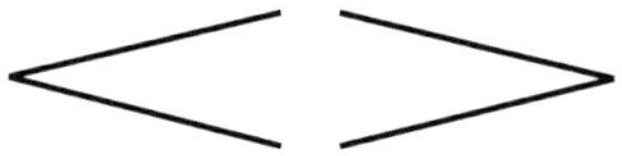

- Die beiden Worte aussprechen. Dann innerhalb der Worte die Stimme vom geflüsterten Anfang bis zum gerufenen „o“ steigern und umgekehrt. Oder ein Wort mehrmals wiederholen und stimmlich steigern (zurücknehmen), wobei der Körper aufgerichtet oder geweitet (entspannt) wird.
- Verschiedene Längen von crescendo und decrescendo am Instrument wahrnehmen, aufzeichnen und wiedergeben.

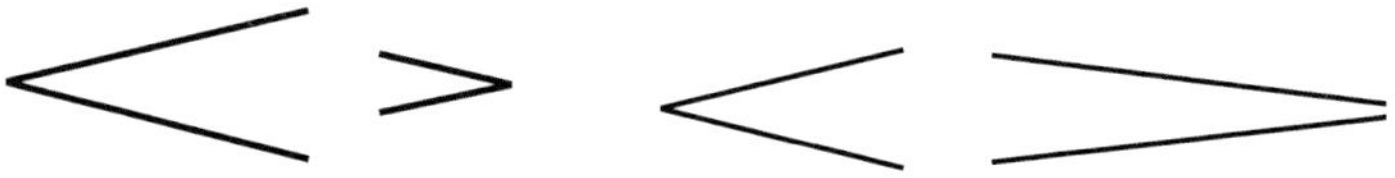

- Mit Geräten ein crescendo bauen, beispielsweise mit Bauklötzen in die Höhe oder schräg in den Raum hinein bauen, Stäbchen anordnen (immer mehr oder immer dichter zusammen). Ebenso Malen mit stärker oder schwächer werdendem Druck, mit breiten oder weniger breiten Pinselstrichen, mit intensiver oder weniger intensiv werdenden Farben.

Hoch – Tief

Anlässe, oben oder unten (groß oder klein) zu sein:

- Bewegungsideen finden, bei denen man größer oder kleiner als ein Tisch ist. Ältere Sch suchen nach Möglichkeiten der Fortbewegung oder Körperstellung, sodass nur der Kopf, ein Fuß oder ein Knie über oder unter einer gewählten waagrechten Linie zu sehen ist.
- Bewegungsideen finden, bei denen man groß oder klein ist, z. B. auf Zehenspitzen oder im Entengang gehen, mit hoch gestreckten Armen oder gebückt gehen, kriechen oder auf Händen und Füßen gehen.
- Mit einem großen Pinsel oder beiden Händen in der Vorstellung ein Bild an die Decke oder auf den Boden malen.
- Bewegungsideen finden, um über ein lose gespanntes Seil auf die andere Raumseite zu gelangen oder unter dem Seil durchzukommen.
- Über einen Stuhl (oder eine Stuhlreihe) steigen oder untendurch kriechen. Über eine Bank balancieren oder im Slalom untendurch kriechen.
- Ausprobieren, wie man ein Tamburin mit sich nehmen kann, z. B. auf dem Kopf tragen oder im Sitzen mit den Fersen schieben.
- Mit einem Tuch durch den Raum laufen, sodass es flattert oder sodass eine Seite immer den Boden berührt.
- Laufend ein Seil hinter sich herziehen, sodass nur ein Ende oder fast die ganze Länge den Boden berührt.

Erkennen und Üben des Hörens von hoch und tief:

- Während ein Sch seine beiden Lösungen aus einer der oben genannten Übung zeigt, hören und spüren die andern am Klavier die hohe oder tiefe Begleitung. Bei den ersten Versuchen wählt die L dafür extreme Lagen (etwa drei Oktaven Abstand), später rückt sie die Bereiche mehr und mehr zusammen.
- Wenn die hohe und tiefe Begleitung bekannt ist, gibt die L mit dem Klavier die Anweisung, was zu tun ist.
- Am Klavier die rechte und linke Hand spielen sehen oder auch im Flügel die angespielten Saiten beobachten. Dazu hören und spüren.
- In der Raumlagenhöhe unterschiedliche, aber ansonsten ähnliche Bewegungen werden rhythmisch und melodisch identisch in zwei unterschiedlichen Tonlagenhöhen begleitet. Z. B. auf den Stuhlsitz und auf den Boden klopfen (Staccato-Achtel), vorwärts und rückwärts gehen, die Kugel im Reifen in der einen und anderen Richtung rollen (Tremolo), schnell in die Hände klatschen und schnell laufen (Melodie in Achteln innerhalb einer Oktave angeordnet).
- Als Steigerung eine mittlere Tonlage dazu nehmen. Dann wird beispielsweise aus den eben genannten Tätigkeiten: Klatschen über dem Kopf – klatschen vor dem Bauch – patschen auf den Stuhl; vorwärts – rückwärts – auf der Stelle gehen; die Kugel nach rechts rollen – nach links rollen – in der Reifenmitte andrehen.
- Die L setzt andere Instrumente für hoch – mittel – tief ein: Drei unterschiedlich große Pauken, eine Drehpauke (Achtung: Exakte Umdrehung wählen, damit immer die gleichen Tonhöhen zu hören sind), Saiteninstrument, Schlitztrommel etc.

Verwendung und Weiterführung der Begriffe:
In Übungen wie oben genannt und beim Hören sowie Beobachten des Klavierspiels verwendet die L das „hoch“ und „tief“ nur in Bezug auf die Töne und nicht auf die Bewegung, weil es um die Unterscheidung der Wahrnehmungen geht. In der Bewegung ist der Raum nicht nur in *oben und unten*, *hoch und niedrig*, *groß und klein* einzuteilen, sondern auch in *hinten und vorne*, *eine und andere Seite* etc. Damit kommen je nach Zielsetzung weitere Begriffe ins Spiel.

- Gemeinsam auf allen vorhandenen Instrumenten hohe und tiefe Töne oder Klänge suchen. Dabei ergeben sich fast von alleine die Begriffe *höher und tiefer* oder oft auch *aufwärts und abwärts* zeigende Handzeichen.

- Die Sch hören hoch, mittel und tief am Klavier und zeigen die Tonhöhe durch ihre Flache Hand an.
- Zwei oder drei Klangstäbe unterscheiden: Hoch, mittel und tief entspricht klein, mittelgroß und groß.
- Jeder Sch hat drei gleiche Holzblöcke und baut sie in eine Reihe. Die L spielt auf dem Klavier für jeden Sch einzeln, was sie sieht. Sie ordnet dabei den Lagen einen tiefen, mittleren und hohen Akkord zu.

Später können weitere Differenzierungen folgen: Zusätzliche Stellungen der Blöcke und dadurch der Akkorde oder die Hinzunahme von melodischen Motiven oder Rhythmen.

- Ebenso umgekehrt: Die L spielt die Tonhöhe und die Sch stellen den Holzblock hin oder die L spielt zuerst drei Tonhöhen hintereinander und die Sch stellen dann erst ihre Blöcke in der richtigen Reihenfolge auf.
- Hoch-mittel-tief an der Tafel aufzeichnen und dem Klavierspiel der L zuordnen. Anschließend improvisiert die L in einer der Tonlagen (jeweils innerhalb einer Quinte oder Oktave) und die Sch zeigen an der Tafel auf die entsprechende Linie.

- Hoch und tief werden mit anderen Begriffen gekoppelt:
  Tiefe, mittlere und hohe Tonlagen in verschiedenen Lautstärken oder/und Längen hören und anschreiben.

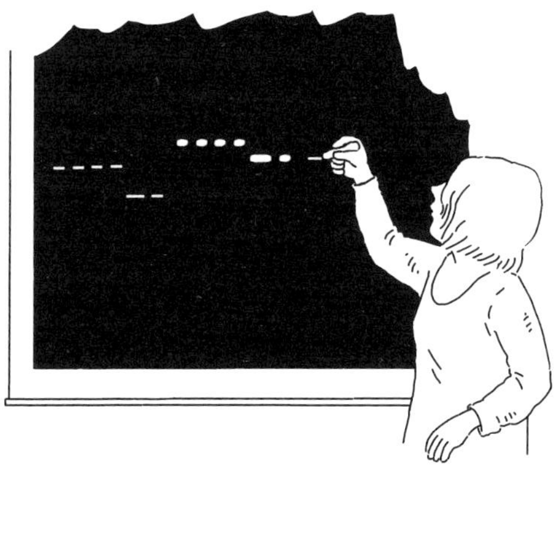

- Die Sch hören Begriffskombinationen am Klavier und ordnen sie den entsprechenden Blöcken zu (senkrecht zu lesen):

tief	hoch	hoch	tief
leise	leise	laut	laut
schnell	langsam	schnell	langsam

  Alle Bewegungsmotive werden nacheinander ausprobiert. Dann teilen sich die Sch in Gruppen auf und stellen ihr Motiv durch Bewegung im Raum dar. Als Abschluss wird eine Reihenfolge festgelegt und die L begleitet die Bewegungen der Gruppen mit dem Klavier.

Melodie, auf- und absteigende Tonreihen, rauf und runter, höher werden und tiefer werden:

- Die Sch probieren aus, wie man ohne Ruck auf einen Stuhl steigen und wieder herunter kommen kann. Ebenso sich auf den Boden setzen und wieder aufstehen in verschiedenen Haltungen und mit unterschiedlichen Techniken, sodass eine fließende Bewegung entsteht.
- Ein Sch zeigt mit den sich hebenden oder senkenden Armen, wie hoch die andern in ihrer Bewegung sind.
- Einige Stühle stehen im Raum verteilt. Evtl. sind dazwischen Seile locker gespannt. Ein Sch geht durch den Raum und steigt ab und zu auf einen Stuhl oder über ein Seil. Die L begleitet ihn auf dem Klavier oder Xylophon: Das Gehen in einer mittleren Tonlage, das Auf und Ab mit Auf- und Abwärtstonfolgen (*glissando*).
- Glissandi am Klavier beobachten, hören und selbst ausprobieren. Dazu mit den Armen nach oben oder unten eine Linie in die Luft malen.
- Dasselbe an einem Stabspiel oder an einer Drehpauke entdecken. Mit der Stimme oder in Bewegung im ganzen Raum das Steigen und Fallen probieren (z. B. das Flugzeug startet und landet).
- *Steigen und fallen* von Tonleitern oder Melodieverläufen am Klavier beobachten und hören. Die Sch spielen selbst Tonreihen nach oben und unten auf dem Klavier oder dem Stabspiel.
- Ebenso mit Klangstäben, die nebeneinander gestellt werden, experimentieren.
- Paarweise probieren die Sch das *Heben und Senken* eines gemeinsam festgehaltenen Reifens. Die Sch reagieren auf den Dirigenten, der im Reifen steht und sich zwischen Hocke und Zehenstand bewegt. Dazu kommt die steigende und fallende Melodieführung der L am Klavier.

- Das Thema Windhose wird durch Bilder verdeutlicht und anschließend in die Bewegung übertragen. Danach stellt ein Sch aufsteigende und absteigende Wirbel mit dem Körper dar und wird gleichzeitig von der L am Klavier begleitet.
- Die steigende und fallende *Melodieführung* am Klavier beobachten. Ein Sch zeichnet sie als Grafik an der Tafel mit.
  Danach prellen die Sch kontinuierlich einen Ball in den unterschiedlichen Höhen und dann stellen sie die Grafik mit dem ganzen Körper im Raum dar. Dabei kann ein Sch an der Grafik zeigen, wo man sich gerade befindet oder er zeichnet gleichzeitig mit oder vor. Die L begleitet die Bewegungen am Klavier.

- Die Sch hören verschiedene melodische Verläufe, ordnen sie Tafelbildern zu und setzen sie mit dem Körper in Bewegung um. Je nach Hörvermögen kann durch Rhythmisierung die Lösung erleichtert werden.

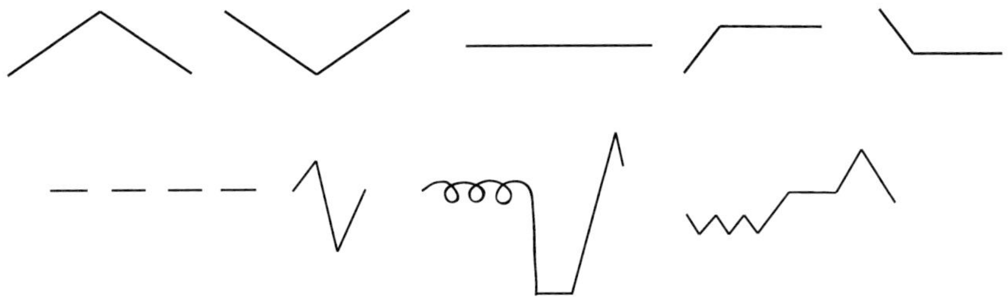

- Hohe und tiefe Töne im Verhältnis zueinander hören: Die Sch beobachten und hören Klaviermusik in kleinen *Intervallschritten* (z. B. Spiel mit Terzen und Quarten) und gehen anschließend dazu durch den Raum. Danach hören sie ein Spiel mit größeren Intervallschritten (z. B. mit Quinten und Sexten) und zeigen das mit großen Schritten.
- Auf der Klaviatur oder mit Klangstäben entdecken, wie weit Töne auseinander liegen können und ob das zu hören ist. (Sekunden sind kaum wahrnehmbar)

5. Persönlichkeit und Gemeinschaft

Die L sorgt dafür, dass jeder Sch die Gelegenheit bekommt, alle Rollen der folgenden Übungen zu erfahren, zu übernehmen und zu üben. Das heißt, dass die L – solange wie nötig – die Kleingruppen zusammenführt, ordnet und den Rollentausch initiiert. Es liegt an ihr, das Gefühl zu vermitteln, dass jeder einzelne Sch wichtig ist. Das gelingt ihr durch wiederholten Blickkontakt und aufmerksames Zuschauen, anfangs aber auch durch die Organisation fester Sitzplätze für die Sch im Raum, von denen aus der Sch einen Überblick hat oder wohin er jeder Zeit zurückkehren oder sich zurückziehen kann. Die Plätze können in den Stunden wechseln, z. B. Stuhlkreis in Raummitte oder außen oder in einer Ecke, Stuhlreihe, Bänke am Rand, Mattenkreis, Teppichmattenkreis.

5.1 Ich und Du

Paare bilden

- Die L zeigt mit einem Sch, was zu zweit gemacht wird und übergibt nach einer Weile wortlos ihre Rolle einem andern Sch und wendet sich einem nächsten Partner zu.
- Durch sichtbare Äußerlichkeiten Paare bilden: Zwei mit roten Tüchern kommen zusammen, zwei mit Pink in der Kleidung, zwei mit blonden Haaren, zwei die Klavier spielen lernen etc.
- Die L bestimmt einen (zurückhaltenden) Sch, der sich einen Partner wählen darf.
- Ein Sch stellt die Paare zusammen.
- Nach einem Stopp innerhalb einer Bewegungsübung im Raum werden die Sch Partner, die am nächsten beieinander stehen.
- Ein Sch steht mit geschlossenen Augen in der Raummitte, dann stellen sich die anderen irgendwo hin. Der erste Sch geht nun vorsichtig kreuz und quer und wenn er jemanden berührt, ist dieser sein Partner.

Zu zweit spielen

- Jeder Sch hat ein eigenes Spielgerät und irgendwann nimmt die L eines weg, sodass zwei Sch sich eines teilen müssen.
- Zu zweit ein Tuch zwischen sich aufspannen und etwas darauf tragen. Einen Luftballon oder einen Ball darauf hüpfen lassen.

- Zu zweit einen Ball hin und her prellen und fangen. Dabei die Abstände verändern oder dabei gehen und dem von der Trommel vorgegebenen Rhythmus folgen. Die Tempoveränderungen der L sind plötzlich und die Sch sollen schnell reagieren.
- Zu zweit je eine oder mehrere farbige Kugeln in einem Reifen rollen, ohne dass sich diese berühren. Entweder sind beide Sch für alle Kugeln oder jeder nur für seine zuständig.

Rollenzuteilung (Führen oder Folgen)

- Kutscher-Pferd-Spiele: Fortbewegung zu zweit hintereinander mit einem Reifen oder mit einem Seil, wobei das Pferd die beiden Seilenden in den Händen und der Kutscher das Seil in der Mitte festhält, oder mit zwei Stäben, die von beiden Partnern als seitliche Verbindungen festgehalten werden. Die Sch entscheiden selbst, wer führt (meist der Vordere) oder es wird festgelegt, ob der Kutscher lenkt oder das Pferd durchgeht. Auf ein visuelles Signal werden die Rollen getauscht.

- Ein Sch steht im Reifen ohne den Reifenrand zu berühren, sein Partner hält den Reifen waagrecht in Höhe der Hüfte und führt ihn – und somit auch seinen Partner – durch den Raum.
- Ein Sch hält mit geschlossenen Augen einen Reifen fest und wird vom Partner am Reifen durch den Raum geführt. Variationen durch andere Verbindungsgeräte: Zwei kleine Ringe, Seile, Stäbe oder Schlaghölzer.
- Zwei Sch gehen ohne Berührung hintereinander. Der vordere wählt freie Wege, Pausen und Tempi. Der hintere reagiert genau ohne den Abstand zu verändern.
- Zwei Sch stehen einander gegenüber. Der eine folgt in seinen Armbewegungen der Musik oder erfindet eigene Bewegungen und Stellungen; der andere ist sein Spiegelbild, d. h. er folgt den Bewegungen spiegelverkehrt. Der Vormachende achtet darauf, dass seine Bewegungen nicht zu schnell sind und der Partner ihm folgen kann.
  Erschwerungen: Alle Sch sehen einem Paar zu, das sehr gut aufeinander achtet, und erraten, wer das Spiegelbild ist. Der nachmachende Partner bewegt sich seitengleich.
- Die Sch bewegen sich zur einstimmigen und nicht zu lauten Musik frei im Raum. Wird die Musik mehrstimmig und lauter, bilden die Sch Paare, in denen sie sich nebeneinander fortbewegen. Der jeweilige Wechsel von allein zu paarweise und zurück soll nach unterschiedlichen Zeitabschnitten möglichst ohne Hektik, aber zügig, stattfinden.
  Erschwerung: Jedes Mal muss ein neuer Partner gewählt werden. Die Musik wechselt nur von ein- zu mehrstimmig ohne Veränderung der Lautstärke.
- Paarweise gehen die Sch durch den Raum, jeweils ein Sch trägt ein Tuch um den Hals und gibt eine Gangart vor. Sein Partner macht mit oder er bewegt sich immer in der gegensätzlichen Gangart, z. B. große Schritte – Tippelschritte, vorwärts – rückwärts, hochgestreckt – gebückt. Will der erste Sch seine Rolle abgeben, legt er das Tuch dem Partner um.
- Zwei Sch stehen Rücken an Rücken. Der eine versucht, seinem Partner körperlich ein Bewegungs- oder Rhythmusmotiv verständlich zu machen. Bewegen sich dann beide Sch einheitlich im gleichen Rhythmus, ist die Aufgabe gelungen.

Flexibler Rollenwechsel

- Gemeinsam halten zwei Sch einen Reifen fest und tragen ihn durch den Raum. Sie wechseln dabei immer wieder die Richtung, Höhen und Tempi. Jeder darf Impulse geben und ist gleichzeitig bereit, den Impulsen des Partners und der Musik zu folgen.
- Zwei Sch stehen sich gegenüber und gehen (ohne Absprache) gemeinsam durch den Raum. Sie gehen vor- oder rückwärts, seitwärts oder bleiben gelegentlich stehen und halten immer den gleichen Abstand zueinander.
- Zwei Sch sitzen sich gegenüber und spielen auf Trommeln, beide hören sofort auf zu spielen, sobald einer sein Spiel unterbricht und spielen weiter, sobald einer erneut startet.

5.2 Ich und die Gruppe

Dazu gehören

- Alle Sch sitzen im großen Kreis und werfen sich kreuz und quer ein Tuch zu oder rollen ein Schlagholz durch die Mitte von einem zum anderen und kein Sch darf vergessen werden.
  Varianten: Ein Sch passt auf, ob alle dran gekommen sind. Mehrere Spielgeräte sind gleichzeitig im Einsatz, ohne dass sie zusammenstoßen.
- Die Sch laufen im schnellen Tempo durch den Raum, bleibt einer stehen, unterbrechen sofort alle ihre Bewegung. Sobald danach einer weiterläuft, laufen alle weiter.
- Die Sch stehen verteilt im Raum. Mit Gesten zeigt die L (Anzahl plus Gebärden), dass ein Sch sich auf den Boden setzten soll, zwei Sch hüpfen sollen, einer aufstehen und einer sich hinlegen soll. Die Sch entscheiden selbst nur mit dem visuell aufeinander Achten, wer agiert.

Im Mittelpunkt stehen

- Die Sch haben jeder für sich Spiel- oder Bewegungsideen gesucht. Dann zeigt einer allein in der Raummitte seine Idee und alle schauen von außen zu.
- Ein Sch liegt bäuchlings auf einer Matte. Die anderen sitzen im Kreis darum herum und einer nach dem anderen legt ein Sandsäckchen oder ein Tuch auf ihn, bis er „schön“ aussieht.

– Ein Sch sitzt in der Kreismitte. Ein Ball wird so zwischen allen Sch hin und her gerollt, dass er immer zuerst in die Mitte und von dort wieder nach außen rollt. Entweder geht es im Außenkreis der Reihe nach oder der Sch in der Mitte entscheidet, zu wem der Ball rollt, ohne dass einer vergessen wird.

– Ebenso mit musikalischer Begleitung der L, die den Zeitpunkt des Wegrollens bestimmt (mit Auftakt zu einer Rollmelodie), sodass dem Sch in der Mitte mehr oder weniger Zeit für seine Richtungsentscheidung gegeben wird. Zusätzlich kann die L durch eine zweite Auftaktvariante (z. B. in einer anderen Tonlage) angeben, dass der Ball auch einmal statt zur Mitte zum Kreisnachbarn rollt.

- Ein Sch sitzt mit geschlossenen Augen in der Kreismitte. Nun nähern sich ihm alle ganz langsam. Wenn ihm jemand zu nahe kommt oder wenn er meint, alle seien bei ihm angekommen, öffnet er die Augen.
- Ein Sch setzt sich in der Kreismitte in einer beliebigen Position auf einen Stuhl und schließt dann die Augen. Die andern setzen sich ähnlich, aber nur einer setzt sich genauso hin. Dann öffnet der Einzelne die Augen, steht auf und findet heraus, wer ihn nachgemacht hat.
- Alle Sch folgen dem Klavier in wechselnden Gangarten. Nur ein Sch macht immer das Gegenteil davon: Wenn alle stehen, bewegt er sich; wenn alle gehen, rennt er.
- Alle Sch werden in einer Fortbewegung gemeinsam immer schneller, raumgreifender oder größer und nur ein Sch wird gleichzeitig langsamer, enger oder kleiner.

Die Gruppe führen und dirigieren

- Alle Sch sitzen im Stuhlkreis, dem ersten Sch wird ein Tuch um die Schulter gelegt; er macht einfache Bewegungen vor (klatschen, patschen, Beine baumeln, Arme strecken etc.) und alle anderen Sch machen mit. Hat er genug, reicht er das Tuch weiter.
- Ebenso mit allmählichem Übergang von Bewegungen am Platz zu solchen frei im Raum.
- Ebenso in der Fortbewegung.
- Alle Sch gehen durch den Raum. Die L wirft einem Sch einen kleinen Ball zu. Dieser wirft den Ball zurück und gibt für alle eine Gangart vor.
- Neben dem Klavier steht ein Sch mit einer roten und blauen Fahne (oder Tuch). Er wünscht sich, was die Farben bedeuten sollen, beispielsweise rot ist gleich hüpfen und blau ist gleich laufen. Dann hält er die eine oder andere Fahne hoch und alle, auch die L mit dem Klavierspiel, folgen ihm. Erschwerung: Hält er beide hoch, muss die L am Klavier beides spielen und die Sch bewegen sich paarweise.
- Ein Sch bewegt sich frei durch den Raum. Bleibt er stehen, bewegen sich alle andern. Variante: Die anderen Sch übernehmen immer, wenn und so lange wie er stehen bleibt, die eben gesehene Gangart.
- Alle Sch stehen mit einem Gerät (z. B. Stock, Luftballon, Tuch, kleine Reifen) im Kreis. Nacheinander macht jeder Sch damit eine Bewegungsart vor, die alle andern direkt imitieren und mehrmals wiederholen. Der nächste Sch in der Reihe entscheidet selbst, wann er mit seiner Idee als Vorgabe weiter machen möchte.

– Mehrere Sch gehen ohne sich anzufassen hintereinander im „Gänsemarsch“. Der erste, der Kopf, ist verantwortlich für die Wege und alle passen ihre Gangart der Musik an. Oder der Kopf ist auch für das Tempo und die Gangart verantwortlich. Auf ein Signal der L oder wenn er nicht mehr erster sein mag, wechselt er ans Ende und der nächste übernimmt sofort die Führung.

Als Erschwerung bewegen sich mehrere Gänsemärsche gleichzeitig im Raum.
– Gemeinsam sitzen die Sch an der Tischtrommel oder sie haben jeder eine eigene Trommel vor sich stehen. Ein Sch gibt eine Trommeltechnik vor und alle machen nach. Oder ein Sch spielt ein Rhythmusmotiv einmal vor und wählt gleichzeitig durch Blickkontakt denjenigen aus, der es einmal wiederholt.
– Ein Sch steht mit einem Instrument in der Mitte und gibt ein Rhythmusmotiv einmal vor und alle wiederholen gemeinsam auf ihren Instrumenten (Solo – Tutti).
– Die Sch sind in Instrumentengruppen aufgeteilt, z. B. Holz-, Metall- und Fellinstrumente. Vor jeder Gruppe liegt eine farbige Gummimatte.

Ein Dirigent stellt sich auf eine der Matten und die dazugehörige Gruppe spielt seine Instrumente in dieser Zeit. Als Variation werden die drei Gummimatten nebeneinander gelegt. Der Dirigent stellt sich wiederum darauf, um anzugeben wer spielt; jetzt kann er sich aber auch auf zwei Matten gleichzeitig stellen und somit zwei Gruppen erklingen lassen.

- Ebenso, aber der Dirigent bewegt sich auf den Gummimatten, damit die Instrumentalgruppen wissen, ob sie schnell oder langsam spielen sollen. Danach drückt der Dirigent (evtl. zusätzlich) mit seinem ganzen Körper aus, in welcher Lautstärke gespielt werden soll; beispielsweise macht er sich dazu ganz klein oder ganz weit und groß.
- Ein Sch malt verdeckt eine Figur auf ein Blatt Papier. Dann geht er von einem zum andern Sch, die mit geschlossenen Augen oder gesenktem Kopf sitzen und warten, und malt ihnen seine Figur auf den Rücken. Die Sch legen das Gespürte mit einem Seil nach. Alle Ergebnisse werden am Ende verglichen.
- Ein Sch wählt im Stillen eine Form wie Dreieck, Kreis, Pyramide o. ä. und setzt diese mit den Körpern seiner Mitschüler in den Raum: Er holt dafür einen Sch nach dem andern dazu und dirigiert ihre Körper zu der gemeinsamen Form. Hat er sein Werk beendet, bleiben alle noch einen Moment weiter in ihrer Haltung. Dann zeichnen alle, auch der „Bildhauer“, die erlebte Form auf und vergleichen.
- Ein Verkehrspolizist zeigt mit Händen und Armen oder mit dem ganzen Körper den fahrenden „Autos“ an, ob sie stehen bleiben, ihm folgen oder rückwärts fahren sollen.

- Die Gruppe folgt einem Sch, der durch Gesten der Gruppe mitteilt, ob sie z. B. in eine Ecke rennen, sich auf den Boden legen oder im Kreis drehen soll. Die L kann davor die Gruppe einmal leiten und dadurch Ideenvorschläge für die Gesten geben.
- Die Gruppe steht als Pulk eng zusammen, ein Sch steht an der Spitze und führt die Gruppe durch den Raum. Alle folgen seiner Gangart und seinem Tempo. Dreht er sich plötzlich um, drehen sich alle mit und es ergibt sich fast von alleine ein neuer Vordermann, der die Gruppe anführt.

5.3 Wir sind eine Gruppe

- Alle sitzen in einem Kreis. Die L beginnt, schaut einen Sch direkt an und wechselt mit ihm den Sitzplatz. Dieser Sch ist als nächster dran, sodass alle mindestens einmal ihren Platz wechseln.
- Ebenso und die Sch versuchen sich nachträglich zu erinnern, mit wem sie ihren Platz getauscht haben, oder sie versuchen sogar, den ganzen Tauschablauf „zurückzuspulen".
  Erschwerung: Die Sch sitzen nicht im Kreis, sondern kreuz und quer verteilt im Raum.
- Alle Sch sitzen im Kreis und ein Sch in der Mitte. Dieser hat Zeit, sich alle anzuschauen und schließt dann die Augen. Nachdem sich etwas verändert hat, versucht er dies zu entdecken (z. B. zwei Sch haben die Plätze getauscht, einer fehlt, einer hat seine auffällige Jacke ausgezogen).
- Alle Sch suchen sich im Raum einen Platz aus und setzen sich anschließend zurück Stuhl. Erklingt der Gong, gehen alle zu ihrem ausgesuchten Platz im Raum. Erklingt der Gong ein weiteres Mal, kommen sie zurück und setzen sich auf einen anderen Stuhl. Jedes Mal, wenn sie zurückkommen und einen neuen Platz wählen, wissen sie, wer gerade vorher auf ihrem ursprünglichen, ersten Platz gesessen hat.
- Alle Sch tragen einen Reifen gemeinsam auf den Handflächen (je nach Gruppengröße beide Hände benutzen oder nur eine) und bewegen ihn nach der Musik durch den Raum und auf und ab.

- Mehrere Luftballons oder unterschiedlich große Bälle werden von allen Sch in Bewegung gehalten und kein Ballon darf jemals ruhig am Boden liegen oder aus dem Spielfeld rollen.
- Einige Sch ziehen Dosen, die an einem Seilende befestigt sind, oder nur lange Seile durch den Raum, während die anderen Sch kreuz und quer über alle Dosen und Seile springen und es keine „Unfälle" gibt.
- Die Gruppe steht im Kreis und lässt einen oder mehrere Bälle im Kreis wandern (prellen oder in die Hand legen). Stellt sich ein gemeinsamer Grundschlag ein, kommen weitere Spielregeln dazu: Auf einen Gongschlag geht es in die andere Richtung oder zum übernächsten Sch in der Reihe, das Klavier nimmt den Schlag auf und verändert allmählich das Tempo.
- Alle bewegen sich zur Musik. Bei einem Musikstopp hält die L ein Blatt Papier auf und die ganze Gruppe bildet gemeinsam die darauf aufgezeichnete Form, z. B. Reihe, Gasse, Kreis, Dreieck, Viereck. Wiederholt sich eine Form, wird eine neue Darstellung dafür gesucht, z. B. im Stehen oder Liegen, mit Armen oder Beinen.
- Alle Sch stehen im Kreis und machen dieselbe Bewegung, z. B. Armkreisen und dabei leicht in die Knie gehen. Wenn einer etwas daran ändert, etwa die Arme pendelt statt kreist, reagieren jeweils alle sofort mit derselben Veränderung. Dann geschieht dasselbe in der Fortbewegung im freien Raum.

- Alle Sch bewegen sich frei im Raum, jeder macht eine andere Bewegung und keine Bewegung darf doppelt vorkommen. Auf ein Zeichen der L wählt jeder Sch schnell eine neue Bewegung und achtet wieder darauf, dass er damit der Einzige ist.
- Die Sch gehen durch den Raum und suchen Blickkontakt zueinander. Treffen sich zwei Blicke, gehen die zwei Sch aufeinander zu, bleiben kurz vor dem Zusammenstoß stehen und lösen sich sogleich wieder voneinander, um einen neuen Partner zu suchen.
- Zur Musik bewegen sich die Sch frei im Raum. Die L schlägt entweder ein-, zwei-, drei- oder viermal den Gong und die Sch kommen in entsprechender Anzahl in Kleingruppen zusammen, in der sie sich bis zum nächsten Signal gemeinsam weiterbewegen.
- Bilder von verschiedenen Tieren werden verteilt und deren Bewegungen in Kleingruppen nachgeahmt. Ohne zusätzliche Absprache bewegen sich dann zwei Kleinherden gleichzeitig im Raum: Was passiert, wenn die beiden aufeinandertreffen?
- Innerhalb von Gestaltungsaufgaben mit Material wird ein Gebilde so erstellt, dass ein Sch nach dem anderen etwas dazu bringt. Z. B. wird gemeinsam gebaut, einer stellt seinen Holzblock hin, einer legt seinen darauf, einer legt seinen daneben und einer verbindet. Anschließend wird das Ergebnis gemeinsam betrachtet, vielleicht auf Wunsch verändert oder als Geschenk jemandem gewidmet. Es kann aber auch als Grundlage für eine gemeinsame musikalische Improvisation dienen. Achtung: Ein gemeinsam gestaltetes Werk kann nur gemeinsam weggeräumt werden.
- Die Gruppe formt drei ausgewählte Sch mit oder ohne Anfassen zu einer Plastik. Jeder kann daran solange Korrekturen vornehmen, bis alle Sch zufrieden sind. Dann gehen sie gemeinsam um ihr Werk herum und betrachten sie von allen Seiten.
- Die Sch sitzen je vor einem Reifen im großen Kreis. Jeder baut aus vielen Materialien wie Ringe, Bänder, kleine Stäbe eine Plastik. Dann gehen die Sch im Uhrzeigersinn einen Platz weiter und stellen mit ihrem Körper die dort geformte Figur nach, solange bis sie überall waren. Anschließend bilden sich kleine Gruppen, die für sich eine Plastik (die gefällt) auswählen und gemeinsam statisch oder auch in einer möglichen Bewegung nachstellen. Die Gruppen schauen einander zu und suchen die Vorlagen.

6. Musikalisch-szenisches Spiel und Tanz

6.1 Musikalisch-szenisches Spiel

- Kleine Geschichten mit Hilfe von Bildern gemeinsam erarbeiten und bewegen (Sommerurlaub, Eisenbahn, Umzug, Roboter, Reise zum Mond, Zirkus). Als Erweiterung wird eine kurze Reihenfolge von Geschichten festgelegt und gespielt. Ist der Ablauf klar, improvisiert die L eine Klavierbegleitung dazu, wobei die Bewegungen der Sch die Impulse und den zeitlichen Rahmen für die Musik geben.
- Gegensätzliche Tiere wie Pferd, Frosch, Maus und Elefant in Fortbewegung oder/und Aktion zeigen, wobei es mehr um das Aufnehmen des Charakters eines Tieres in den eigenen Körper ankommt als auf die vermeintlich realistische Imitation auf vier Beinen. Beispielsweise rennt die Maus weg und versteckt sich, das Pferd galoppiert, springt über eine Hürde, der Frosch hüpft und fängt eine Mücke und der Elefant trabt und wälzt sich im Sand. Danach wird die Gruppe geteilt, eine Hälfte der Sch spielt die Aktion eines Tieres und die andere sucht mögliche Instrumente und Spielarten zur Begleitung. Daraus wird ein ganzer Tiergarten, in dem vieles zu sehen und zu hören ist. Aber nicht alles geschieht gleichzeitig, denn die Tiere wollen sehen, was die anderen machen oder legen sich auch mal schlafen. Die L ordnet und achtet darauf, dass auch musikalisch ein ausgewogener Ablauf durch die kleinen Szenenwechsel und -wiederholungen entsteht.
- Nach einem realen Besuch auf einer Baustelle werden die beobachteten Bewegungen der Bauarbeiter und Maschinen imitiert und stilisiert. Genauso wird nach wahrgenommenen Geräuschen, Klängen und ihrer Übertragung auf Instrumente und Stimme gesucht. Auch Bewegungen, die besonders rhythmisch sind, werden mit Musikinstrumenten begleitet. Alle gut gelungenen Bewegungen mit und ohne Musik werden in eine musikalisch und räumlich stimmige Reihenfolge gebracht und ergeben letztlich einen eigenen „Bauarbeitertanz“.
- Gemeinsam eine „Keksmaschine“ darstellen: Jeder Sch übernimmt eine Teilbewegung vom Teig bis zur Verpackung. Ohne zugeteilte Rollen beginnt ein Sch mit dem Teigrühren und einer nach dem andern kommt dazu mit seiner Vorstellung des weiteren Ablaufes. Die L übernimmt die musikalische Begleitung der dazukommenden Sch.
  Erschwerung: Nur die Teile der Maschine arbeiten, die von der Musik zu hören sind.

– Gemeinsam irgendeine Maschine zum Laufen bringen: Ein Sch stellt oder setzt sich in die Mitte des Raumes und macht eine sich ständig wiederholende Bewegung, die möglicherweise durch sich wiederholende Laute unterstützt wird. Jetzt kommt der nächste Schüler dazu und macht eine neue, aber ins Metrum passende Bewegung. Nach und nach kommen alle Sch dazu, bis die Maschine komplett arbeitet, faucht und zischt. Sie kann schneller oder langsamer laufen, stehen bleiben oder defekt sein. Die L kann das von der Trommel oder dem Klavier aus leiten.
  Gegen Ende kann ein Sch ein Zeichen geben, worauf dann alle Sch gemeinsam ihr Bewegungstempo langsam steigern, bis die Maschine „explodiert“, also alle Sch auseinander springen und schließlich regungslos am Boden liegen bleiben. Oder die Maschine hat ein imaginäres Produkt hergestellt, mit dem dann das Spiel weitergeht.
– Eine Essensszene pantomimisch darstellen: Alle sitzen um einen Tisch (ein Sch im Vierfüßlerstand), zwei Finger eines Sch stellen die Gabel dar, ein Finger eines anderen das Messer und die Hand eines Dritten das Glas. Das Spiel witzig weiter- und ausgestalten, indem z. B. der Essende dem Gabeldarsteller etwas zum Probieren gibt. Zwei Sch übernehmen die Akzentuierung der Handlungen mit Instrumenten, z. B. ein schriller Beckenschlag, wenn das Glas agiert oder Kratzen auf der Trommel, wenn das Messer schneidet.

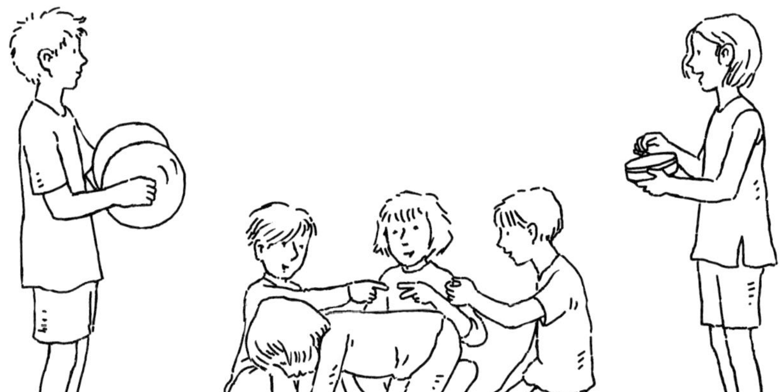

- Gefühlsreihe: Die Sch sitzen in einer Reihe nebeneinander, vor ihnen liegen vier Reifen mit umgedrehten Zetteln. Auf jedem Zettel steht eine Stimmung in Bild oder Schrift (z. B. fröhlich, traurig, wütend, müde, hektisch, gelangweilt). Der erste Sch beginnt, schaut sich verdeckt der Reihe nach die Zettel an und zeigt die Gefühle jeweils in Mimik und Gestik. Danach verändert er die Zettelreihenfolge und der nächste Sch ist dran. Nach drei bis vier Spielern erraten die anderen, welche Gefühle sie gesehen haben.

- Gebärden werden als Bewegungsidee genutzt und mit dem ganzen Körper in ausdrucksstärkere Bewegungen umgesetzt. Die Gebärden werden dadurch großräumig, mehrdimensional, verlangsamt, fließend oder eckig, verschieden rhythmisiert und lösen sich von der eigentlichen Aussage.
  Einige so verfremdete Gebärden werden von den Sch ausgewählt und beim (mehrmaligen) Hören eines Musikwerkes von jedem Sch nach seinem Empfinden an der Stelle bewegt, wo sie ihm passend erscheinen. Anschließend einander zuschauen und vergleichen.
- Spiele mit Schwarzlicht-Technik: Nachdem die Sch zu einem Musikstück aus vorgegeben Materialien (weiße und neonfarbene Stäbe, Reifen etc.) passende Farben und Formen ausgewählt haben, suchen sie mögliche Bewegungen und Linien damit, um der Stimmung und dem

Rhythmus der Musik folgen zu können. Umgekehrt entwickeln sie aus eigenen Bewegungsideen mit den leuchtenden Gegenständen (immer wieder im Dunkeln zeigen und zuschauen!) ein Geschehen und suchen die passende Musik oder, besser, lassen improvisierend eine eigene Musik entstehen.

Krowatschek, D./Hengst, U./Leiterer, D.: Schwarzes Theater leicht gemacht. Ausstattung und Spielvorschläge für den Einsatz in der Schule, Dortmund 2008[4].

- *Ein Bilderbuch* klanglich und darstellend zum Leben erwecken.
  Beispiel:
  Die Königin der Farben (Jutta Bauer, Weinheim Basel 1998)[6]
  Diese Bildergeschichte hat wenig Text und kann gut gebärdet werden, allerdings erklären sich die Bilder von alleine. Die Requisiten können beschränkt werden, beispielsweise auf große Tücher in den Farben blau, rot, (rosa,) gelb und grau. Die Königin leitet das Spiel durch ihre Körperhaltung – je nach Stimmung -, mit großen Gesten und ganz wenig Worten. Deshalb probieren alle Sch diese Rolle, nachdem das Buch angeschaut und verstanden wurde. Nach und nach werden die Rollen der einzelnen Farben erprobt und ausgewählt:
- Die blauen Tücher wallen ruhig. Die Sch laufen über die Bühne und bringen sie zum Flattern und Drehen.
- Die roten Tücher sind kleiner, sodass sie auch mit einer Ecke in die Kleidung eingesteckt werden können und wie Fetzen am Körper hängen. Sie werden schnell und wild bewegt. Wenn die Farbe rot zu Pferden verzaubert wird, galoppieren zwei Sch mit den Tüchern nebeneinander, veranstalten ein Wettrennen und nehmen die Königin mit.
- Die gelben Tücher werden wie Schleppen gezogen und hüllen ein. Im nächsten Moment wird an ihnen herumgezerrt.
- Die grauen Tücher können alle andern zudecken, aber auch wieder welche herauspurzeln lassen. Möglicherweise kommen statt der Tücher bunte Luftballons heraus.
- Musik: Zu den einzelnen Farben ordnen die Sch Instrumente und zeigen, wie sie darauf spielen, um die Farbe zum Klingen zu bringen. Die Handlungen im Buch erleichtern das Finden von Spielideen auf den Instrumenten. Ältere Sch können alle Farben auf nur wenigen oder einem

6 Es gibt dazu eine CD mit Musik von Henko/Wulff/Stoll und der inspirierenden Erzählerin Katharina Thalbach, Hörcompany Hamburg 2003.

einzigen Instrument spielen. Die L übernimmt alle Musikelemente, die dann noch fehlen, auf ihrem Instrument. Entweder die L oder einige Sch zusammen schreiben eine grafische Partitur für die Instrumente (Achtung: Das Stück muss auch Pausen haben, damit das Spiel auf der Bühne alleine wirken kann. Auch ein instrumentales Vorspiel kann wichtig sein). Abschließend wird festgelegt, ob die Königin oder die Musikgruppe den Ablauf des Spiels bestimmt oder ob die Impulse unter mehreren Sch aufgeteilt werden.

Weitere Bilderbücher:

Das Lied der bunten Vögel – Kobna Anan, Omari Amonde

Der Grüffelo – Scheffler, Donaldson

Paulchens größter Traum – Susanne Smajic

Themen: Einige ansprechende Themen für die Entwicklung eigener Geschichten, die den roten Faden durch ein Spiel bilden können, sind Die vier Elemente (Feuer, Erde, Wasser, Luft), Freundschaft und Liebe, Gespenster, Jahreszeiten, Orient, Planeten, Unterwasserwelt, Tod und Trauer, Zirkus.

Musik: Wenn die Musik nicht von den Schülern gespielt wird, sind Musikstücke geeignet, die Stimmungen verstärken können und in sich aussagekräftig sind, beispielsweise Teile aus Ballettmusiken, Musicals, Opern. Auch Tanzmusikstücke bieten sich an, z. B. aus Djingalla (CD Nr. 6 und 7).

6.2 Tanz

Alle in überlieferten Tänzen verwendeten Schritt- und Bewegungsarten sind den Schülern durch die Übungen zu den Grundbewegungsarten bekannt oder damit vorbereitet worden. Teilweise neu erarbeitet werden müssen die Gruppenformationen im Raum und die Handfassungen. Neu zu entwickeln oder zu erlernen ist jeweils die festgelegte Zuordnung der Bewegungen zu den einzelnen Musikabschnitten.

Probst/Schuchhardt/Steinmann: Musik überall S.161–183

Fischer, R.: Tanzen mit Kindern, Kassel 1998

Im Folgenden möge eine exemplarische Tanzerarbeitung in aufbauenden Schritten als methodische Anregung genügen. Dabei gelten einige Grundsätze, die von Anfang an Freude am Tanzen aufkommen lassen:

- Die Musik und das von der Gemeinschaft getragene Erlebnis sind das Wichtigste.
- Einfachste Fortbewegung wie Gehen oder Laufen zur Musik ist wichtiger als ein Tanzschritt.
- Lernen im freien Raum und ohne Handfassung ist leichter als im engen Kreis.
- Die Musik hat das Sagen, Zählen und Schauen auf die eigenen Füße verderben die Tanzfreude.
- Geübt wird später und dann auch nur, solange es Spaß macht und alle mitkommen.

Carnevalito (aus Bolivien)[7] oder jede andere Musik mit zwei unterschiedlichen Teilen
4/4 Takt. Verlauf: Vorspiel und dreimal Teil 1 + Teil 2
In der Musik gibt es rhythmisch und melodisch (Soloinstrumente) gut hörbare Elemente. Die beiden Teile sind allein auch durch den Bass gut zu unterscheiden: Teil 1 hat einen starken Ostinato

und Teil 2 ist melodiebetonter.

- Kennenlernen der Musik je nach Hörmöglichkeiten:
  Entweder die Musik hören und sich spontan frei im Raum dazu bewegen oder zuerst nur hören und mit Armbewegungen oder der freien Bewegung im Raum beginnen, wann man möchte. Fällt den Sch dazu noch nichts ein, bewegt sich die L beispielsweise gehend und mit leichten Klatschern mit.
- Die L gibt den Hinweis, dass der Tanz ein Vorspiel hat. Wann beginnt dann die Bewegung? Alle Sch heben während des Vorspiels langsam die Arme und patschen zum eigentlichen Beginn des Tanzes auf

7 CD Nr. 1 (s. Anhang)

die Oberschenkel. Die L hilft durch die eigene Bewegung denjenigen, die den Anfang nicht heraushören, und behält dieses visuelle Hilfsmittel so lange und so zurückhaltend wie nötig auch im weiteren Verlauf bei.

- Die L gibt den Hinweis, dass die Musik nicht immer gleich ist. Hörend entdecken die Sch die beiden Teile und ohne dass darüber gesprochen wird zeigen sie mit ihrer Art der Fortbewegung, wann und wie lange sie die eine oder die andere Art hören. Ganz einfach könnte man beispielsweise in Teil 1 langsam gehen und in Teil 2 laufen.
- Die Sch schauen einem aus ihrer Gruppe zu und probieren dann, seine Lösungen zu übernehmen.
- Zur Unterstützung der Unterscheidung der beiden Teile spielt die L während Teil 1 den Rhythmus-Ostinato auf der Conga mit.
- Vielleicht hatte schon ein Sch dieses Rhythmus-Ostinato in seiner Bewegung aufgenommen, sodass die L es nur aufgreifen muss. Andernfalls macht sie es noch mal deutlich. Zur Musik klatschen dann alle das Motiv während Teil 1 und sind frei in der Fortbewegung in Teil 2. Anschließend wird nach Möglichkeiten gesucht, dieses Motiv in die Bewegung mitzunehmen, z. B. gehen und klatschen, aufteilen zwischen Händen und Füßen, vorwärts Schritt-Schritt-Stampf-Stampf-Stampf, ebenso mit Schritten vorwärts und Stampfern am Platz.
- Eine der Lösungen wird ausgewählt und beibehalten. Nun fassen sich alle zu einer Schlange oder einem Kreis und bewegen sich gemeinsam zu Teil 1, wobei es keine Rolle spielt, mit welchem Fuß die Sch beginnen. Teil 2 ist noch frei.
- Ebenso wird nach Bewegungen für Teil 2 gesucht. Möglicherweise gibt die L den originalen Schritt dazu: Schritt-Hopp auf einem Fuß (unpunktierter, regelmäßiger Hüpfer). Ohne Kreisfassung wird der Schritt im freien Raum zur Musik geübt.
- Den ganzen Tanz gemeinsam im Kreis mit gefassten Händen tanzen. Achtung: Die Sch sollen nie zählen müssen, wie viele Male die einen und die anderen Schritte gemacht werden, sondern sie sollen sich daran gewöhnen, nur auf die Musik zu hören (vgl. das Phrasenhören).
- Verfeinerungen und Weiterführung (jeweils ohne Fassung jeden Sch für sich probieren lassen): Richtungswechsel in der Mitte vom 2. Teil, zum Richtungswechsel „Hoi“ rufen, zum Schritt-Hopp noch locker beide Arme vor- und beim nächsten zurückschwingen, in zwei konzentrischen Kreisen oder zwei Schlangen tanzen, der Vorderste und Hin-

terste in der Schlange haben eine laute Rassel oder einen Schellenkranz in der freien Hand, die Musik mit weiteren Rhythmusinstrumenten begleiten (oder überhaupt selbst spielen), Teil 1 und 2 zwischen zwei Gruppen aufteilen und abwechselnd tanzen mit vereinbarten Pausenhaltungen etc.

Tanz-CD-Empfehlung im Anhang

Anhang

Musikstücke

Einige Beispiele zu den Praxisanregungen, geordnet nach Themen

Thema	**Titel**	**Komponist oder Quelle**
Grundschlag (Metrum) langsam	Broken Dreams	Basement Jaxx
Grundschlag (Metrum) schnell	Love foolosophy	Jamiroquai
Gehen	Der springende Punkt	CD Nr. 6
Gehen, zügig	Balkanlied	CD Nr. 7
Gehen, zügig	Love Generation	Bob Sinclair
Schreiten	Djingalla	CD Nr. 6
Laufen	Ansgars Turbo	CD Nr. 6
Hüpfen, schnell Laufen mit Stopps	Pulcinella Suite Nr.1: Napolitana Balalaika	Stravinsky, Igor
Grundbewegungsarten und Szenen	Karneval der Tiere	Saint-Saëns, Camille
Laufen im Wechsel mit kleinen Szenen	Kinderspiele op. 22: 3. Satz Allegro vivo	Bizet, Georges
Gehen, beschwingt	Suavemente	Elvis Carlos
Bewegung auf der Stelle und beschwingtes Vorwärtsgehen im Wechsel	Schott oder Krebspolka	CD Nr. 15
Schwingen	Comptine d`un autre été	Amélie
Schweben	Kleiner Ring	CD Nr. 9
Schlendern (¾ Takt)	Kleine Stadt im Süden	CD Nr. 6
schnell – langsam	Die ungleichen Brüder	CD Nr. 6
schnell – langsam	Snurrebocken	CD Nr. 9
schnell – langsam	Ungarischer Tanz Nr. 5	Brahms, Johannes
accelernado	Dampflok 789	CD Nr. 6
¾ Takt	Seikilos–Lied	CD Nr. 7
¾ Takt	Biserka	CD Nr. 1

Thema	Titel	Komponist oder Quelle
laut, leise, crescendo	Le sacre du printemps, 1. Teil : Tanz der Erde	Strawinsky, Igor
crescendo	Peer Gynt: In the Hall of the Mountain King	Grieg, Edward
Tempi/ Taktarten/ regelmäßige Phrasen	Les Indes Galantes	Rameau, Jean-Philippe
– Tempi/ laut–leise/ weich–hart – „Phrasen"/ Akzente/ spitz – Kraft/ laut	Vingt regards sur l'enfant Jesus: – IV Regard de la Vierge – VI Par lui tout a été fait – XII La parole toute-puissante	Messiaen, Olivier
Perioden	Streichquartett d-moll, op. 76 Nr. 2, 2. Satz	Haydn, Joseph
Rondo/ leichte Sprünge und kräftige Linien	Kreisleriana, letzter Satz	Schumann, Robert
langsam in Bögen geführte Bewegung mit klaren Anfängen und Enden	Violinsonate c-moll BW 1017: Adagio	Bach, Johann Sebastian
Instrumente	Peter und der Wolf	Prokofieff, Serge
Instrumente (zwei) unterscheiden	Sonate f. Cello u. Klavier, d-moll op.40: 4. Satz Allegro	Schostakowitsch, Dimitrji
zwei Stimmen (Pauken und Bläser)	Fanfare for the Common Man	Copland, Aaron
Szenen, lustige	Le bal masqué, 2.–5. Satz	Poulenc, Francis

Tonträger

Auswahl an CDs für Tänze und andere Themen

1. Arbeitsgemeinschaft Gruppen-Beratung: Tänze für die Gruppe, CD, Wien 1997
2. Budde, P./Kronfli, J.: Karneval der Kulturen, Lateinamerika in Spielen, Liedern, Tänzen und Festen für Kinder, Buch und CD, Ökotopia 2001
3. Budde, P./Kronfli, J.: Wer sagt denn hier noch Eskimo? Buch und CD, Ökotopia 2005
4. Brunner, W.: Tanzen mit Mozart, Buch und CD, Fidula 2001
5. Crump, B./Hepp, H./Tutt, I.: Gesellige Tänze und Mixer, CD, Fidula 1996
6. Diederich, H./Buchholz, A.: Djingalla 1, Tanz- und Bewegungsmusik für Kinder, Ensemble Rossi, CD, Fidula 2000
7. Diederich, H./Buchholz, A.: Djingalla 2, Tanz- und Bewegungsmusik für Kinder, Ensemble Rossi, CD, Fidula 2001

8. Engel, I.: Tanzen nach Bildern, Buch incl. CD und Poster, Fidula 2007
9. Führe, U.: Tanzhaus, CD, Fidula 2004
10. Gass-Tutt, A./Hepp, H./Lenders, H./Schmitz, R./Steiner, L.: Polonaisen und leichte Tänze aus den USA, CD, Fidula 1996
11. Günther, S.: iftah ya simsim, Orientalische Lieder und Tänze für Kinder, CD und Buch, Ökotopia 2000
12. Höfele, H. E./Steffe, S.: In 80 Tönen um die Welt, Buch und CD, Ökotopia 2000
13. Höfele, H.: Jibuli, Kinderlieder und Tänze aus Afrika, Asien, Südamerika bis zu uns nach Europa, Fidula 2008
14. Höfele, H. E./Steffe, S: Kindertänze aus aller Welt, Buch und CD, Ökotopia 2004
15. Holzmeier, M.: Tänze für Kinder (Ensemble des Orff-Instituts Salzburg), Fidula 1996
16. Reckmann, H./Posada, J.: Balaio und Escondito, So singen, tanzen, und musizieren Kinder in Südamerika, Tanzbeschreibung und CD, Fidula 1978
17. Studer, C./Mgonzwa, B.: Jambo Afrika. Lieder, Tänze und Spiele, Liederbuch und CD, Fidula/Ökotopia 2006
18. Thalheimer, P.: Historische Tänze 1 und 2, aus der Zeit von 1530 bis 1680 und 1704 bis 1788, Fidula 1999

Literatur

Auswahl

Hörbehinderung

Berufsverband Deutscher Hörgeschädigtenpädagogen: Förderung, Erziehung und Bildung hörgeschädigter Kinder und Jugendlicher, Hamburg 1998

Boenninghaus, H.-G.: Hals – Nasen – Ohrenheilkunde, Heidelberg 1996

Böhme, G./Welzl-Müller, K.: Audiometrie. Hörprüfung im Erwachsenen- und Kindesalter, Bern 2005

Campenhausen, Ch. von: Die Sinne des Menschen. Einführung in die Psychophysik der Wahrnehmung, Stuttgart 1993

Gehörlosenverband Hamburg, www.gehoerlosenverband-hamburg.de

Huber, L./Odersky, E.: Zuhören – Lernen – Verstehen, Braunschweig 2000

Lehrplan für die bayerische Hauptschulstufe der Schule für Gehörlose, Bayer. Staatsministerium für Unterricht, Kultus, Wissenschaft und Kunst, Mai 1998

Leonhardt, A.: Einführung in die Hörgeschädigtenpädagogik, München 2002

Lindner, G.: Pädagogische Audiologie. Ein Lehrbuch zur Hörerziehung, Berlin 1992[4]

Lurija, A. R.: Romantische Wissenschaft. Forschungen im Grenzbezirk von Seele und Gehirn, Hamburg 1992

Mueller, S.: Sprachliche Förderung durch Bewegung im Deutschunterricht Schwerhöriger und Gehörloser, in: Straumann, J. (Hg): Lernen der Bewegung – Lernen durch Bewegung, HÖRPÄD Beiheft 15, Heidelberg 1985, S. 50–155

Ruoß, M.: Kommunikation Gehörloser, Bern 1994

Sekretariat der Ständigen Konferenz der Kultusminister der Länder in der Bundesrepublik Deutschland: Empfehlungen zum Förderschwerpunkt Hören, 10. Mai 1996 (www.kmk.org)

WHO (World Health Organization), www.who.int/mediacentre/factsheets/fs300/en/index.html (Stand 16. Juli 2008)

(Hör-) Behinderung und Musik

Altenmüller, E.: Musik im Kopf, in: Gehirn & Geist 01/2002 (Heidelberg)

Barthel, K.: Tanz mit Hörgeschädigten – ein Weg zu neuem „Selbst-Bewusstsein“, in: HÖRPÄD 4/2005, S. 148–157 (Heidelberg)

Brumm, M.: Bessere Lebensqualität dank verbessertem Hörvermögen durch Cochlear Implantat, Memmingen 2006/3

Büchler, W./ Dillier, N.: Musik hören mit dem Cochlea Implantat – Lust oder Frust?, Cochlea-Implantat Forum I 2004, www.sprachheilschule.ch

Glennie, E.: Im Gespräch mit der Weltklasse-Percussionistin, in: HÖRPÄD 1/2000 (Heidelberg)

Heinemann, M.: Förderung von CI-Kindern in Rheinland-Pfalz, in: HÖRPÄD 4/2000 (s. o.)

Horsch, U./Körner, E.: „Peter und der Wolf“ Formatbildungsprozesse bei einem Kind mit Cochlear–Implant, in: HÖRPÄD 1/1995 (s. o.)

Orff, G.: Schlüsselbegriffe der Orff – Musiktherapie. Darstellung und Beispiele, München 1990

Prause, M. C.: Möglichkeiten eines multisensorischen Ansatzes in den USA zur Steigerung der Wahrnehmung von Musik, Klang und Sprache, in: HÖRPÄD 1/1995 (s. o.)

Probst, W./Schuchhardt, A./Steinmann, B.: Musik überall. Ein Wegweiser für Förder- und Grundschule, Braunschweig 2006

Salmon, S. (Hg): Hören – Spüren – Spielen. Musik und Bewegung mit gehörlosen und schwerhörigen Kindern, Wiesbaden 2006

Schwarting, J.: Musik und Musikinstrumente. Zur Förderung des entwicklungsgestörten und des behinderten Kindes, Heidelberg 1995

Stelzhammer-Reichhardt, U./Salmon, S.: „Schläft ein Lied in allen Dingen …“, Wiesbaden 2008

Rhythmik (Schwerpunkt Theorie)

Bühler, A./Thaler, A.: „Selber denken macht klug“ – Rhythmik, ein gestalterisches Verfahren der Heilpädagogik, Zürich 2001

Bundesverband Rhythmische Erziehung Rhythmik mit behinderten Menschen. Ein Modell. Dokumentation des Weiterbildungsmodells „Rhythmik mit behinderten Menschen“, Remscheid 1995

Frohne-Hagemann, I.: Das Rhythmische Prinzip, Lilienthal 1981

Hürtgen-Busch, S.: Die Wegbereiterinnen der rhythmisch-musikalischen Erziehung in Deutschland, Frankfurt a. M. 1996

Kapischke, G./Plenzke, E.: Psychomotorische und rhythmisch musikalische Förderung hörgeschädigter Schülerinnen und Schüler. Kongressbericht Bund Deutscher Hörgeschädigtenpädagogen (BDH), Würzburg 2000

Meyer, E.: Rhythmik mit Gehörlosen, in: Krimm von Fischer, C.: Erziehen mit Musik und Bewegung, Freiburg 1992 (Neuausgabe von Musikalisch-rhythmische Erziehung, Freiburg 1974)

Ring, R./Steinmann, B.: Lexikon der Rhythmik, Kassel 1997

Thaler-Battistini, A.: Rhythmik in der Heilpädagogik, Zürich 1989

Uden, A. van: Rhythmisch-musikalische Erziehung, in: Jussen, H./Kröhnert, O. (Hg), Handbuch der Sonderpädagogik Band 3, Gehörlosen- und Schwerhörigenpädagogik, Berlin 1982

Verdoes, M.: Über die Wichtigkeit der rhythmisch-musikalischen Erziehung hörgeschädigter Kinder, in: Spektrum Hören 3/2005 (Heidelberg), S. 34–41

„Rhythmisch-musikalische Erziehung“ oder „Rhythmik“ in den Empfehlungen, Richtlinien, Lehrplänen oder Curricula der Länder für die Schulen mit den Förderschwerpunkten Hören und Kommunikation sowie geistige Entwicklung

Vogel-Steinmann, B.: Was ist Rhythmik? Analyse und Bestimmung der rhythmisch-musikalischen Erziehung, Regensburg 1979

Rhythmik (Schwerpunkt Praxis)

Breitinger, M./Hänle, B.: Rhythmik mit gehörlosen Vorschulkindern, Beispiele aus der Praxis, HÖRPÄD 35. Jahrgang, Dezember 1981 (Heidelberg)

Danuser-Zogg, E.: Die Welt be-greifen, Bewegungsarbeit und Rhythmik mit geistig behinderten Kindern, Sankt Augustin 2002

Danuser-Zogg, E.: Musik und Bewegung. Struktur und Dynamik der Unterrichtsgestaltung, St. Augustin 2002

Fischer, R.: Tanzen mit Kindern, Kassel 1998

Hoffmann Muischneek, S.: Wie tönt grün? Rhythmik als Wahrnehmungsförderung, Liestal 1989

Klöppel, R./Vliex, S.: Helfen durch Rhythmik. Verhaltensauffällige Kinder erkennen, verstehen, richtig behandeln, Breisgau 1992

Krimm von Fischer, C.: Rhythmik und Sprachanbahnung. Zur Förderung des entwicklungsgestörten und des behinderten Kindes, Ravensburg 1979

Stummer, B.: Rhythmisch-musikalisch Erziehung. Bewegung erklingt – Musik bewegt, Wien 2006

Scheiblauer

Brunner-Danuser, F.: Mimi Scheiblauer – Musik und Bewegung, Zürich 1984

„Rhythmik in der Erziehung“ Nr. 1/1991, Wolfenbüttel, darin:

Brunner, F. und H.: Vom taubblinden Kind zum glücklichen Hausgenossen. Ein Epilog zu dem Scheiblauer-Film „Ursula oder das unwerte Leben“, S. 13–17

Brunner-Danuser, F.: Vom Dalcroze'schen Singspiel zur Operninszenierung, S. 18–20

Lorenz, K.: Von den verborgenen Kräften „unwerten Lebens“. Im Gedenken an Mimi Scheiblauer, S. 8–12

Steinmann, B.: Mimi Scheiblauer – Zu ihrem 100. Geburtstag am 7. Mai 1991, S. 3–8

Scheiblauer, M., Autorin in und Herausgeberin der Zeitschrift „Lobpreisung der Musik – Blätter zur Musikerziehung“, Zürich 1942–1968

Siegenthaler, H.: Mimi Scheiblauer, ihre Stellung innerhalb der Pädagogik des 20. Jahrhunderts und ihre Bedeutung für die Heilpädagogik, Vortrag 1992, Sonderdruck Berufsverband staatl. dipl. Rhythmiklehrerinnen und Rhythmiklehrer Zürich

Filme

Rhythmik, Film: Reni Mertens/Walter Marti, Zürich 1956, 20 Min. sw., Neuauflage (DVD) 2009*

Krippenspiel, Film: Reni Mertens/Walter Marti, Zürich 1962, 27 Min. sw., Neuauflage (DVD) 2009*

Ursula oder das unwerte Leben, Film: Reni Mertens/Walter Marti, Zürich 1966, 87 Min. sw., Neuauflage (DVD) 2009*

Vom Klang der Bewegung. Impressionen eines Berufsbildes, Film: Heide-Marie Härtel, Bremen 2002, 30 Min., Neuauflage (DVD) 2008*

* Bezug über www.musikbewegung.de

Register

Kursive Seitenzahlen verweisen auf Teil II (Praxisanregungen)

Abbildungsnachweise

Caspar David Friedrich, Das Eismeer, Gemälde/Öl auf Leinwand, 1823/1824, 96,7 x 126,9 cm. Original: Hamburg, Hamburger Kunsthalle/1051; © bpk/Hamburger Kunsthalle. Foto: Elke Walford.

Robert Delaunay, Endloser Rhythmus, 1916. © L & M Services B.V., Den Haag

Theo van Doesburg, Der Tanz, 1916

Paul Klee, Herbstlicher Klang, 1920, 86, Aquarell auf Papier auf Karton, 13,4 x 24,3 cm, Museum Sammlung Rosengart, Luzern. © VG BILDKUNST Bonn 2009.

Paul Klee, Die kleine Felsenstadt, 1932, 276, Ölfarbe auf Leinwand; originaler Rahmen, 44,5 x 56,5 cm, Zentrum Paul Klee, Bern. © VG BILDKUNST Bonn 2009.

forum zeitpunkt · zeitpunkt musik

Hören – Spüren – Spielen

Musik und Bewegung mit schwerhörigen
und gehörlosen Kindern

Von Shirley Salmon

272 S., 29 s/w-Abb., kart.
(978-3-89500-470-4)

Hearing – Feeling – Playing

englische Ausgabe
(978-3-89500-621-0)

Hören – Spüren – Spielen verweist sowohl auf akustische, vibratorische, taktile, emotionale und soziale Reize als auch auf ihre Wahrnehmung und aktive Gestaltung. Im Vorwort der weltbekannten Perkussionistin Evelyn Glennie, die nach einer Gehörerkrankung als Kind lernte, ihren Körper als Resonanzraum zu nutzen und den Klang zu spüren, werden die Bedeutung und die Möglichkeiten des Musizierens und Hörens für alle deutlich beschrieben. Das Buch fragt nach der Begründung des jeweiligen Einsatzes, aber auch nach unterschiedlichen pädagogischen und therapeutischen Zielbereichen und Vorgehensweisen. Es werden dabei wesentliche Themen der Hörgeschädigtenpädagogik, aber auch Musik- und Bewegungserziehung, Musiktherapie und Inklusive Pädagogik angesprochen.
Persönliche Berichte handeln von individuellen Entwicklungen und Erfahrungen unter den Bedingungen einer Schwerhörigkeit bzw. Gehörlosigkeit sowie von persönlichen Zugängen zur Musik, ihre Ausübung und Bedeutung. Theoretische Grundlagen erläutern bedeutende Entwicklungsthemen, die für alle Kinder, jedoch speziell für hörbeeinträchtigte Kinder relevant sind und werden durch eine Standortbestimmung und Einblicke in die Erforschung der Musikwahrnehmung ergänzt.
Grundlagen für die praktische Arbeit sind Ansätze, die für verschiedene Altersgruppen relevant sein können. Pädagogische Ansätze sowie therapeutische Ansätze aus der Orff-Musiktherapie, der Musikalischen Sprachtherapie, der Musiktherapie nach Cremaschi Trovesi, Nordoff-Robbins Musiktherapie ergänzen einander. Es werden unterschiedliche Praxisfelder mit verschiedenen Altergruppen beschrieben – von Vorschulkindern und Familien bis zu Schulkindern und Teenagern.
Das Buch will Fachkräfte aus pädagogischen und therapeutischen Bereichen, Eltern und Experten („Betroffene“) ansprechen, sie informieren und anregen. Die zentrale Frage in der Praxis bleibt: Durch welchen Zugang, welches Angebot, welche methodischen Vorgehensweisen und welche Art von Teilnahme – ob in Pädagogik, Förderung oder Therapie – mit Musik und/ oder Bewegung können die jeweiligen Kinder profitieren?

forum zeitpunkt · zeitpunkt musik

»Schläft ein Lied in allen Dingen...«

Musikwahrnehmung und Spiellieder
bei Schwerhörigkeit und Gehörlosigkeit

Von Ulrike Stelzhammer-Reichhardt
und Shirley Salmon

236 S., 67 s/w-Abb., 8 Tab., kart.
(978-3-89500-609-8)

„Schläft ein Lied in allen Dingen,
die da träumen fort und fort,
und die Welt hebt an zu singen,
triffst du nur das Zauberwort.“

Joseph von Eichendorff (1788 – 1857)

Musikbezogene Lernprozesse und musikalische Erfahrungen sind eng miteinander verknüpft. Was bleibt jedoch von Musik übrig, wenn man nur schlecht oder gar nicht hören kann? Welchen Zugang finden schwerhörige und gehörlose Menschen zur Musik und welche Erkenntnisse können Musikpädagogen und -therapeuten daraus ziehen?
Dieses Buch bietet zwei sehr unterschiedliche Zugangsweisen an. Der erste Teil stellt ein naturwissenschaftliches Forschungsprojekt vor, das sich mit den Grundlagen der Musikwahrnehmung bei hochgradiger Schwerhörigkeit und Gehörlosigkeit auseinandersetzt. Im zweiten Teil steht das Spiellied im Mittelpunkt der musikalischen Arbeit mit hörbeeinträchtigten Kindern. Es verbindet Musik, Bewegung, Sprache und Spiel miteinander. Multisensorische Aspekte der Musikwahrnehmung – im ersten Teil vorgestellt – werden hier praktisch angewandt.
Die Erforschung musikbezogener Lernprozesse zählt zum empirisch-analytischen Forschungsansatz innerhalb der Musikpädagogik und -therapie. Im Sinne eines interdisziplinären Austauschs eröffnet dieses Buch einen naturwissenschaftlichen Zugang im musikpädagogischen bzw. -therapeutischen Kontext.
Die Fragestellungen entstehen aus der langjährigen Praxis der beiden Autorinnen. Beide verbindet die Neugier nach dem, was dahinter steckt. Woher kommt das eigene pädagogische Handeln, welches sind die Rahmenbedingungen und wie kann beides weiterentwickelt werden? Sie zeigen, wie sich Theorie und Praxis ergänzen, sich gegenseitig Impulse geben und so den Fachbereich erweitern. Die Auseinandersetzung mit dem „Nicht-hören-können“ lässt auch das „Hören-können“ besser verstehen und so will dieses Buch besonders jene ansprechen, die sich für einen vielsinnigen Zugang zur Musik interessieren. Musik mit allen Sinnen erleben bildet die Basis für ein umfassendes Musikverständnis in Pädagogik und Therapie.